克勒门文丛　编委会

主　编　陈钢
副主编　嵇东明　阎　华　林明杰
编　委　秦　怡　白　桦　谢春彦　梁波罗
　　　　刘广宁　童自荣　陈逸飞　陈　村
　　　　王小鹰　曹　雷　淳　子　郑辛遥

克·勒·门
文·丛

THE STORY
of
MOLLER VILLA

马勒别墅的故事

孙孟英 ——— 著

生活·讀書·新知 三联书店

Copyright © 2022 by SDX Joint Publishing Company.
All Rights Reserved.
本作品版权由生活·读书·新知三联书店所有。
未经许可，不得翻印。

图书在版编目（CIP）数据

马勒别墅的故事 / 孙孟英著 . — 北京：生活·读书·新知三联书店, 2022.10
（克勒门文丛）
ISBN 978-7-108-06869-9

Ⅰ.①马… Ⅱ.①孙… Ⅲ.①别墅—史料—上海 Ⅳ.① K928.8

中国版本图书馆 CIP 数据核字（2020）第 073830 号

责任编辑　麻俊生
封面设计　储　平
出版发行　生活·讀書·新知 三联书店
　　　　　（北京市东城区美术馆东街 22 号）
邮　　编　100010
印　　刷　上海丽佳制版印刷有限公司
版　　次　2022 年 10 月第 1 版
　　　　　2022 年 10 月第 1 次印刷
开　　本　650 毫米 ×900 毫米　1/16　印张　10
字　　数　96 千字
定　　价　58.00 元

CONTENTS

总序　留住上海的万种风情 / 陈　钢············ 2

序　上海"梦幻城堡"的魅力 / 嵇东明········ 4

引　言·· 6

马勒家族之追溯································· 001

马勒家族之发迹································· 035

马勒家族之鼎盛································· 055

爱立克·马勒之婚情······························· 067

马勒别墅之社交································· 093

马勒别墅之神秘································· 113

马勒别墅之当今································· 129

后　记·· 146

总序　留住上海的万种风情

陈　钢

当我们走进上海的大门——外滩时,首先听到的是黄浦江上的汽笛长鸣和海关大楼响起的钟声。那是上海的声音、历史的声音和世界的声音。接着,我们可以看到那一道由万国建筑博览群所组成的刚健雄伟、雍容华贵的天际线,它展示了作为现代国际大都会大上海的光辉形象。当我们转身西行,乘着叮当作响的电车驶进夹道满是法国梧桐树的淮海中路时,又会在不知不觉里被空气中弥漫的法国情调所悄然迷醉,也会自然而然地想起张爱玲所说的"比我较有诗意的人在枕上听松涛、听海啸,我是非得听见电车响才睡得着觉的……"。除了这张爱玲所特别钟爱的上海"市声"外,我们还能在电影、舞厅和咖啡馆里找到世界的脉搏和时代的节奏,找到上海的声音。丹尼尔·贝尔认为,"一个城市不仅是一块地方,而且是一种心理状态,一种独特生活方式的象征"。上海是中国一块得天独厚的风水宝地,它不仅使古老的中国奇迹般的出现了时尚繁华的"东方华尔街"和情调浓郁的"东方巴黎",而且催生了中国的城市文化——海派文化,催生了中国的第一部电影、第一个交响乐团、第一所音乐学院和诸多的"第一"……

"克勒"曾经是上海的一个符号,或许它是 class(阶层)、color(色彩)、classic(经典)和 club(会所)的"混搭",但在加上一个"老"字后,却又似乎多了层特殊的"身份认证"。因为,一提到"老克勒",人们就会想到当年的那些崇尚高雅、多元的审美情趣和精致、时尚生活方式的"上海绅士"们。而今,"老克勒"们虽已渐渐离去,但"克勒精神"却以各种新的方式传承开发,结出新果。为此,梳理其文脉,追寻其神韵,同时将"老克勒"所代表的都会文化接力棒传承给"大克勒"和"小克勒"们,理应成为我们这些"海上赤子"的文化指向和历史天职。于是,"克勒门"应运而生了!

"克勒门"是一扇文化之门、梦幻之门和上海之门。推开这扇门,我们就能见到一座座有着丰富宝藏的文化金山。"克勒门"是一所文人雅集的沙龙,而沙龙也正是一台台城市文化的发动机。我们开启了这台发动机,就可能多开掘和发现一些海上宝藏和文化新苗,使不同的文化在这里可以自由地陈述、交流、碰撞和汇聚。

记忆是一种责任。今天,当我们回望百年上海时,都会为这座曾经辉煌的文化大都会而感到自豪,但也会情不自禁地为那一朵朵昔日盛开的文化奇葩的日渐萎谢而扼腕叹息。文化是应该能逗留的。为了留下这些美丽的"梦之花",为了将这些上海的文化珍宝串联成珠,在人世间永放光彩,"克勒门"与发祥于上海的"老牌"出版社生活·读书·新知三联书店共同筹划出版了这套"克勒门文丛",将克勒门所呈现的梦,一个一个地记录下来。

"克勒"是一种气度、一种格调,更是一种精神、一种文化。让我们一起走进"克勒门"和"克勒门文丛",寻找上海,发现上海,书写上海,歌唱上海,让我们每个人都成为有历史守望与文化追寻的梦中人,传承和发扬高雅、精致和与时俱进的海派文化精粹,用我们的赤子之心留住上海的万种风情!

序 上海"梦幻城堡"的魅力

嵇东明

哲人说,"建筑是凝固的音乐"。"魔都"——上海的建筑素有"万国建筑"的美称,马勒别墅更是卓尔不群。很长时间以来,马勒别墅因为它的美妙与神秘始终为人所津津乐道,民间也一直流传着很多版本的故事。马勒别墅是梦想成真的建筑,是一位父亲对女儿挚爱情深的呈现。

我曾经在世博会前后任职于马勒别墅饭店。那时来马勒别墅饭店的各方来宾特别多,饭店的入住率始终保持高位。相当多的客人就是冲着马勒别墅别具特色的建筑风格而来。很多客人带着好奇,饶有兴趣地向我们员工打听关于马勒别墅的故事。记得我初到马勒别墅饭店工作的一个休息日,我在酒店值班,一位来自南洋的华人女士带着地图走进别墅,问前台员工是否可以参观酒店。前台同事正忙着接待其他客人,我就上前接待并带她参观。我们边走边看边讲,我将我所了解并熟悉的马勒别墅的故事一一道来。参观后女士办理了入住手续,居然一连住了好多天。几天后她找我同事约我,一见面她就兴冲冲地说:"David,我找到了马勒女儿新的故事……"通过这件事我得到启发:很多客人是有故事需求的。于是我们开展了"马勒人讲马勒故事"的活动。马勒别墅饭店的员工多数是来自职业院校的女孩,大家纷纷投入讲故事活动之中。哪个女孩没有梦想?而且这是一个父亲爱女儿,让女儿梦想成真的美妙故事。员工们讲得绘声绘色,饭店的经营也做得风生水起。关于马勒别墅是"一百个人有一百个故事"。很多客人是被故事带进别墅的,而他们也带来了许多新的故事与传说。我们也试图收集故事用于培训员工，毕竟故事也是马勒别墅饭店经营产品所不可或缺的部分。

我们感谢孙孟英先生不辞辛苦搜集大量故事与传说编撰完成《马勒别墅的故事》一书。这本书告诉我们马勒家族来自北欧，靠航运起家。赍赐·马勒在给跑马厅老板运送马匹的过程中因救治了中暑的白鬃马，这匹马就成为后来他带来第一桶金的"幸运马"。书中还讲述了马勒家族的第二代爱立克·马勒建造马勒别墅的缘由，以及马勒别墅里船型结构、海草木刻花纹、铜马、石狮等独特的设计和装饰……马勒别墅里面的结构非常复杂、神奇，有兴趣的朋友还可以继续探究。比如，花园里的一间三面通透玻璃的小屋，我们称之为"公主画舫"，传说是爱立克·马勒为喜欢画画的女儿露毕而设计的。从本书的故事里我们了解到马勒女儿身体柔弱，那一定是马勒先生为女儿特意安排的既能挡风遮雨，又采光明亮便于写生的处所。可见马勒先生对女儿是多么关爱。

孙先生这本书为读者揭开了马勒别墅"梦幻城堡"神秘的面纱，大大满足了许多关心上海历史建筑和传奇的读者的好奇心，同时也为海派文化的追踪溯源做了件好事。

希望喜爱和关心马勒别墅的读者可以提供更多故事。我就记得有个版本的故事说，马勒先生用了十年时间建造这幢别墅，建成后的一天他带着爱女来到别墅指着高处的尖尖顶问女儿："是你梦中的城堡吗？"女儿抬头望着冲向云端的尖尖顶，喃喃地用英语说道："Fairyland（真是仙境）。"于是父亲就叫人做了一块写有"Fairyland"的牌子挂在别墅正面，以示这就是女儿梦中的仙境城堡。这块牌子早已不知去向。我们在经营中就是根据这一故事重新把牌子挂上了墙。大家现在看到的"Fairyland"就是来自这个故事。

引 言

1842年8月29日,中国近代史上的第一个不平等条约——《南京条约》在英军旗舰"皋华丽"号上签订。

1843年11月17日,根据《南京条约》和《五口通商章程》的规定,上海正式开埠。

中国市场很大,商机无限,而上海更是中国无限商机中的"黄金宝地"。

大批的西方投资者把目光投向上海,更有无数的来自世界各地的冒险家奔赴上海,他们渴望在这个"黄金宝地"大赚一把,出人头地。

在上海的洋人淘金者中,有一个人的名字至今还令上海人记忆犹新,那就是马勒,全称爱立克·马勒——一个来自北欧出生在上海后加入英国籍的洋商。

在20世纪初始的上海洋商中,爱立克·马勒的资产与知名度不能同占有南京路房地产百分之四十多的哈同和筑造沙逊大厦(今和平饭店北楼)、开有沙逊洋行等实体的沙逊相提并论,但爱立克·马勒的"马勒"之"名"却一点也不逊色。近百年来,位于今陕西南路近延安中路上的马勒别墅,一个童话般世界的存在,凡是经过的人,无不被它那别致、漂亮的外貌所吸引。

爱立克·马勒也因这幢以他姓氏命名的别墅而广为人知。

2005年5月22日,这天是全世界的古建筑保护日——国际博物馆日,上海市人民政府、上海市委宣传部与上海市文物局联合举行了"上海博物馆日"活动,将四十处被列为国家重点保护的经典建筑对外开放。马勒别墅作为允许参观的建筑之一,吸引了众多的上海市民。

上午9点,马勒别墅正式开放。早已等候在外面的观光者排起了长蛇阵,人行道、马路边都挤满了人,车辆行驶也受到影响。此时一旦别墅的大门打开,潮水般涌入的人群很有可能会发生踩踏,同时也会因建筑物的承载超荷而发生不可预测的险况。马勒别墅饭店的领导经过短暂的碰头会后当机立断,通知有关部门希望派出工作人员来维持秩序。

很快一辆辆警车、一队队武警从四面八方来到马勒别墅;交警在马路上指挥行人与车辆,不断疏通交通;武警维持长队秩序,并逐个放人进入马勒别墅内观赏……

由于选择参观马勒别墅的市民实在太多,那状况真可以用"人满为患"来形容。为了以防万一,马勒别墅前的志愿者不得不举出"我是末位,请下午再来"的牌子。同时发放排号券。

据粗略统计,"国际博物馆日"那天,马勒别墅共接待观光客近一万人次,参观时间延至晚上9点。他们无不被马勒别墅充满艺术美感的建筑风格所震撼。

在参观者中,有见证马勒别墅建成的当事者,有曾经与马勒别墅主人有过交往的后人。他们为揭开马勒别墅神秘面纱留下了非常珍贵的口述史料,使一些有关马勒别墅鲜为人知的精彩传说与故事得以保留。

本书将这些传说与故事串联起来,以飨读者。

马勒家族之追溯

马勒村里的一片悲泣声

1858年11月中旬的一天上午,挪威卑尔根上空阳光灿烂,白云朵朵,海面上风平浪静,海鸟在追逐戏水,一艘艘渔船等待起航。马勒渔村的老老少少、男男女女身穿漂亮的衣服站立在海滩上,他们面向大海,默默地祈祷着。

这是马勒渔村的村民们举行的出海远航的送行仪式,为的是保佑自己的亲人出海无恙、平安回家。马勒渔村每逢全村集体出海都要举行这种仪式。

海滩的水面上停靠着二十多艘渔船。这次远航是为了把村里各家加工的各种鱼制品运到奥斯陆出售,再购些生活必需品为即将到来的圣诞节做准备。为此,每户都派出了自家的壮劳力,家中的顶梁柱。他们个个都身强力壮,水性好,还是拳击的高手,一般海盗都不是他们的对手。

航运船队在赉赐·马勒的父亲老马勒(爱立克·马勒的爷爷)这位德高望重的老渔民的带领下起航了。赉赐·马勒的大哥和二哥跟随父亲左右一同出航。此时年仅十九岁的赉赐·马勒和母亲携十四岁的妹妹和十二岁的弟弟站在海滩边,目送年过半百的老父亲与二十三岁的大哥及二十一岁的二哥出海。

　　船队向着大海的远处航去，渐渐由近而远，由大变小，最后消失在茫茫的大海中。站在海滩边送行的赍赐·马勒与众人一样，直到双眼看不到船队后才返回村里。

　　因各家各户顶梁柱的出海离去，整个村子显得比平时更加安静，听不到唱歌声、口哨声、说话声、戏耍声和遛狗声。

⊙马勒村里的人们

　　海边静静的，村里静静的，家里静静的。

　　……

　　一切都是那么静悄悄，连平时喜欢乱窜、狂吠的狗好像也因为主人的出海而变乖，不出家门、不再吠咬了。死寂、死寂，村子仿佛被这种死寂的气氛凝固住了……

　　傍晚时分，村里家家户户的屋顶烟囱冒出了袅袅炊烟，晚餐的时间到了。赍赐·马勒的家里因人多而有些"热闹"的气氛。母亲做好晚餐后让孩子们坐在一起吃。

　　母亲边吃边对赍赐·马勒和他的两个弟弟妹妹说："等你爸爸和大哥、二哥这次卖掉货物赚了钱回来，我给你们每人都做一套毛皮装，让你们过圣诞节时个个穿得漂漂亮亮，像绅士，像公主。"

⊙ 婚庆纪念

⊙ 亲友相聚

赉赐·马勒和弟弟妹妹听了母亲的这番话,都高兴地连声说"谢谢妈妈"。

母亲见儿女们高兴,又朝他们摆了摆手说:"我还要向你们宣布我们家里最高兴的两件喜事。"

"什么喜事?"兄妹仨不约而同地发问道。

"你们的爸爸已经和我商量好了,等你们的父亲和大哥、二哥这次出海回家,准备把你们的大哥和二哥的婚事在圣诞节里一起办了,我们马勒家里要多两个人了,你们要多两个嫂子了。"

"真的?"兄妹三人一下子兴奋地跳了起来。

正当一家人说说笑笑之时,沉寂的村口突然传来了一阵令人撕心裂肺、毛骨悚然的凄厉、悲凉的大喊声:

"出事了!出大事了!……"

"出大事了!"

瞬间村里每家每户的门都开了,大人小孩朝村口狂奔而去。大人的喊叫声和小孩的哭泣声猛然响成一片。

赉赐·马勒一家听到喊声,预感到马勒渔村的船队遭到大难了,马上丢下手中的餐具,迅速朝村口奔去。

在村口,只见一个满身是血的青年,吃力地搀扶着一个浑身都是血的老者摇摇晃晃地向村里走来,那惨状真是让人害怕。一些走在前面的妇女见了二人不敢向前扶他们,小孩见了吓得哭着躲在大人的身后。

赉赐·马勒三步并作两步,飞快地抢在人群的前面,当他跑到两个浑身是血的人跟前时,不由得愣住了,他一下还分辨不出他们是谁。当他听

⊙ 马勒村里的幸福时光

到老者那叫着他名字的轻微声音后,一下明白了,声泪俱下地扑过去抱住老者大声喊道:"爸爸,爸爸……你们这是怎么了?"

众人一下围了上去,把两人紧紧地抱住……

"完——完——了……"老马勒一下子晕了过去。

"我们——马——马勒村的船队——全完——了……"青年男子大声哭着说。

"这到底是怎么一回事啊?"众人都急切地向青年男子问道。

"我们遭遇到海盗了,他们有枪……所有的人都死了,就剩下我和……"青年男子悲伤得连话都说不下去了。

众人一听自己的亲人都被海盗打死了,顿时哭声一片,不少妇女当场晕倒在地。

夜幕降临,马勒村沉浸在一片悲凉气氛中。

马勒船队在同海盗厮杀中寡不敌众

马勒船队遭遇灭顶之灾的经过是一个悲壮而又惨烈的故事。

船队出航的那天上午,天气特别好,海面风平浪静,一路上并没有遇上激流险滩。中午时分,船队进入离奥斯陆三十多海里的一片礁岛密布的区域。这里向来都比较安全,很少会有海盗出没,因而老马勒作为船队的老大就下令船队在此稍作休整。航行了一上午,大家肚子也饿了,就在此吃午餐和休息,也没有派船派人到岛屿周边进行侦察和警戒。在他们心目中这里一直是非常安全的海域,没有真正遇到过海盗。

⊙船队在水中作业

⊙水中船队

船队成员个个放松了警惕，他们喝着酒、哼着小调、啃着肉，仿佛是出海旅行，无忧无虑、心情放松。一些喝了酒的人还昏昏欲睡地在船舱里打起了瞌睡。

突然，岛屿四周响起一阵阵沉闷的海螺声，只见三十多条用树草伪装过的海盗船从四面八方向马勒船队快速包围过来。

"海盗船来了！"

"海盗来抢东西了！"……

有船队成员见海盗扑过来便大声叫喊起来。

当其他船队成员从睡梦中惊醒时，一些快速而气势汹汹的海盗船已经靠上他们的船，动作快的海盗迅速跳上多艘马勒船队的船。

一场马勒船队成员与海盗的惨烈悲壮的厮杀开始了。

船上双方长剑对长剑、大刀对大刀、铁棒对铁棒，你来我往，刀器叮叮当当的碰撞声和喊叫声响成一片。

刀光剑影，鲜血四溅。

在同海盗的厮杀中，老马勒和大儿子、二儿子非常勇猛，把冲上他们船的海盗不是杀死在船上就是打落海中，使海盗一个个"有来无回"。老马勒更是老当益壮，他同海盗一交手，只用一个回合就让他们倒在他的利剑下，连招架之力都没有。他在厮杀中还能环顾四方，见自己人在同海盗的厮杀中占下风，就快速从腰中拔出三角刀飞向海盗，刀刀使海盗毙命。

然而，令马勒船队意想不到的是，他们遇上的这伙海盗不但人数多，而且有几个海盗还配备有自制的火枪。马勒船队吃亏很大，不少身强力壮、武功高强的船员在同海盗厮杀且占绝对优势的情况下，被其他海盗用火枪打死。

老马勒发现这一情况后，就用飞刀功来对付手握火枪的海盗，一连杀死三个持火枪的海盗。正当老马勒向另一个持火枪的海盗投飞刀时，被背后的一名海盗击中右肩膀，海盗还要开第二枪，赉赐·马勒的大哥猛然扑过去用身体挡住父亲，自己胸部却挨了一枪倒在甲板上。海盗上弹药准备开第三枪，赉赐·马勒的二哥一个鱼跃扑向拿火枪的海盗，两人掉入冰冷的海水中继续厮杀……

"大哥，保护好爸爸，快跑、快跑、快……"二哥与海盗一同沉入海底。

大哥躺在甲板上血如泉涌，已奄奄一息。

就在这万分危急关头，赉赐·马勒的堂哥奋不顾身地前来救援，杀死了一个正向老马勒开枪的海盗，随后跳入机舱驾船冲出海盗包围圈，向马勒村方向驶去……

马勒村的船队就此遭到海盗的洗劫，再无其他人生还。

老马勒临终前留下重要遗言

赉赐·马勒的父亲老马勒虽然被救回家里,但严重的枪伤和失血过度使他的生命危在旦夕。赉赐母亲焦急万分,连夜请来医生为他治伤,希望丈夫能转危为安,一家人可以永远生活在一起。

在为老马勒看完伤后,大夫把赉赐和他母亲叫到屋外,告诉了母子俩检查结果:老马勒生命体征非常微弱,原因是枪伤严重,失血过多,康复伤愈的希望很渺茫,生命延续时间不会超过两天,请他们做好料理后事的准备。赉赐和母亲听了大夫的这番话,心里非常难过,尤其是他母亲在失去两个儿子的情况下又将失去丈夫,这心就像被万把钢刀剐,往后的日子可怎么过?她已经到了精神崩溃的境地,除了哭,就是流泪;除了心酸,就是心疼;除了悲泣,就是哀叹……

躺在床上的老马勒虽然生命垂危,但心里却非常清楚所发生的一切:两个儿子为救他而死,整个马勒船队没有了,马勒村的男人壮汉都永不再归来,马勒村已成了寡妇村、女儿国,剩下的女人将不再有男人保护了;狂暴野蛮的海盗将会上岸抢劫村庄,马勒村的女人将会遭到劫难和生命威胁。老马勒想到这些事情，心里充满悲伤。

"马勒村啊，马勒船队啊，马勒家族啊，马勒家族的男人们啊……"老马勒躺在床上用尽力气呼喊着。这是他伤心与悲愤的呐喊，更是他愤怒与绝望的呼号。

一个没有男人和壮汉的村子还会有什么生命力，还会有什么强盛的希望？没有，一切都没有了。为此，强悍而从不流泪的老马勒流下了伤心的泪水。

老马勒临终前把赉赐·马勒叫到跟前对他嘱托道："赉赐儿，爸爸不行了，你——你要撑起这个家，你——你要照顾好你母亲，带——带好弟弟妹妹……"

"爸，您放心，我一定会照顾好妈妈和弟弟妹妹的。"赉赐紧紧握住父亲的手流泪道。

"这——这里不能——住——了，海盗会——会上岸抢——劫啊，永远离——离开——这里，要照——照顾好——全——全村马勒家——族的人……"老马勒断断续续地说着。

"爸，我会这么做的。"赉赐·马勒连连点头道。

"去伦——敦，离开——后，把房全——都烧了，永不——归——来……"老马勒说完临终遗言后带着深深的不舍闭上了眼睛。

老马勒生怕马勒家族再遭海盗劫杀而一定要赉赐·马勒带领全家和全村马勒家族的人离开，目的就是要保住马勒家族的血脉。

⊙马勒家族的住宅

马勒家族成员含泪离开马勒村

时间过得很快,转眼一个半月过去了,马勒村的马勒家族迎来1858年的圣诞节。由于马勒村家家都痛失顶梁柱和壮劳力,没有一家有过节的气氛,整个村里死气沉沉、凄凄凉凉,再也看不到各家门口放置的圣诞树和大人身穿圣诞老人服在村子里和孩子们戏耍的热闹情景。原本节日夜晚喝酒狂欢、歌声笑声响成一片的欢快景象如今被各家思念亲人的悲凉哭泣声所替代。

赉赐·马勒陪着母亲到村北他父亲的坟前祭拜。母亲默默地流着伤心的眼泪,一边叫着老马勒的名字,一边点燃蜡烛为亡夫祈祷。不一会儿,全村的家庭主妇和老人小孩都手持点亮的蜡烛围住老马勒的坟墓,为他的亡灵做起祷告,还一同唱起《圣经》歌曲,愿老马勒的灵魂在天堂永远获得安宁。

第二天早上,村里所有马勒家族成员都提着大箱小包走出了家门,在村里唯一一个壮汉赉赐·马勒的统一安排和指挥下,把所有的行李装在六辆马车上,全村原先一百二十余人如今只剩下大大小小六十余人挤坐在六辆马车上。

一切就绪后，赍赐·马勒又到每一户家里察看了一遍，看看是否有哪家人被落下了。在确认没有人被抛下后，他就和几位村里的老者把一间间房屋用火点燃。

不多时，马勒村火光冲天，浓烟滚滚。

马车启动了，马勒家族的成员痛心地凝望着燃烧着的家，尤其是那些家庭主妇，看着自己从小生长的家没了，而且要永远离开祖祖辈辈生活的地方，心里更是万分难过。不知哪个主妇的放声大哭引发了所有人的啜泣。谁不留恋自己从小生长的家园，谁不依恋亲人生前生活过的地方，当活着的人将要永远离开与亲人生前共同生活和生儿育女的家园时，心里怎么会不难过……

⊙人去楼空的马勒村

马勒家族的马车队离开没几个小时，后面突然响起了一阵急促的马蹄声，很快一个骑马的汉子赶上马勒家族的马车队。汉子见到贲赐·马勒后停下了马,神色慌张地说:"贲赐兄弟,你们走得对啊,就在你们走后不久,海盗上岸到村里来抢劫了。他们个个有枪,见人就杀。我们村的人全部被海盗杀了。我们兄弟几个正好在村外,见不对劲就骑马逃跑,才算活命。"

贲赐·马勒和其他马勒家族成员听到邻村汉子这一番话,才明白老马勒为什么一定要他们离开马勒村,他们发自内心感激老马勒。

⊙美丽的村庄

马勒大家族在异乡彻底解体

  一个曾经人丁兴旺的马勒家族,在遭遇海盗的抢劫后只剩下妇女儿童,想重振马勒家族已是不可能了,唯一的出路就是放弃与离开,寻找新的生活环境和新的谋生之路。

  马勒大家族在年近二十岁的赉赐·马勒的带领下,一路颠簸和长途跋涉从卑尔根来到奥斯陆——挪威最有名的大城市。在这里家族成员做了一个星期的休整,添置了一些生活用品与食品后,再从奥斯陆最大的港口坐轮船到了英国伦敦。在伦敦,由于人地生疏,举目无亲,马勒家族的成员举步维艰,只能靠随身携带的"家底"勉强维持生活。

  常言道:坐吃山空。如果每天只有支出而没有收入,只能是家底变少。生活的窘迫渐渐出现,靠摆地摊做小买卖根本养不活大人小孩,靠给有钱人家当保姆,又挣不了多少钱。无奈之下那些年轻的寡妇们为了自己和幼小儿女的生存,只好各自寻找生存的出路,在伦敦重新嫁人组成新的家庭。有了家,她们和自己孩子就有了归宿,不再居无定所、四处奔波、到处流浪。

⊙上海黄浦江码头

为了各谋生路，马勒大家族也就逐渐"解体"了。

赍赐·马勒一家四口人，母亲为了支撑起这个家庭，独自白天到市场上做小买卖，晚上在家编织渔网，把编织好的渔网卖给渔业公司，靠赚辛苦钱来维持生计。然而，好强而富有男子汉尊严的赍赐·马勒见母亲每天起早贪黑地忙碌，心里很不好受。他发誓要为母亲撑起这个家，不再让老母亲受苦受累，要让自己的两个弟弟妹妹继续念书，使一家人过上衣食无忧的快乐生活。

1860年，刚好二十岁的赍赐·马勒见伦敦大英轮船运输公司招聘海员，就大胆去应聘。由于他长得人高马大、身强力壮，又懂得一些海上航行的知识，顺利通过了各项考核，成为一名海员。

于是马勒大家族的复兴希望，寄托在了赍赐·马勒的身上。

赍赐·马勒挑起家庭重担

赍赐·马勒要上远洋轮船当水手,母亲得知后深感不安,她坚决反对儿子再干与海水打交道的工作。自己的丈夫和大儿子、二儿子都死在了海盗枪下,如今赍赐·马勒再走他们的老路,这不是铤而走险吗?如果出海再遇到不测,那马勒家族真的要完了。母亲越想越害怕,越想越觉得必须阻止儿子到远洋轮船上工作,否则就对不起死去的丈夫。

然而,赍赐·马勒却没有"屈服"于母亲的阻止与反对,坚持要上船工作,因为他的两个弟弟妹妹要吃饭,还要读书,单靠母亲一个人来承担这个家庭的负担那是很艰难的事情,所以他一定要工作赚钱。到船上工作收入高,不仅能养活一家人,还能供弟弟妹妹上学。他忘不了父亲临死前交代他的话:要照顾好母亲和弟弟妹妹啊。一个顶天立地的男人就应该勇于承担责任,挑起家庭的重担。赍赐·马勒不顾母亲反对,毅然决然地上船工作,赚钱养家。

伦敦大英轮船运输公司的远洋轮船是一个庞然大物:用厚厚的钢板制成的大身躯,上万的吨位,蒸汽机发动。这是马勒家族木制船队所无法相比的。再加上船上人员多，还配备有各类轻重型武器，海盗如果想抢劫，那真是难上加难。因而这方面的担忧是大可不必的。赉赐·马勒是在了解这一切情况后才上船工作的，他也知道生命安全比赚钱更重要。

赉赐·马勒是一个非常聪明的人。他第一次出海远洋就是到中国上海。他在船上与海员们相处得很好，但很少说话，而是以听为主。他从海员们的交流中得知，他们几乎个个都利用每次的"跑码头"，随身携带好多生活用品，如钟、洋铁皮碗、不锈钢调羹等，下船后卖给等候在码头上的中国小贩，而后再大包小袋地带上中国的茶叶、丝绸织品等东西回国倒卖，从中赚得差价。每次这种买卖都能获得一笔不菲的收入。赉赐·马勒看在眼里记在心里，最终实施在行动上。他也看样学样做起了两头生意，由此也赚了一些外快。这样一家四口人的生活过得还算是小康。

然而，赉赐·马勒并不满足靠做"小买卖"赚钱，他希望在做生意方面有所突破，起码要寻找到比倒卖生活用品与农产品赚钱更多的渠道。一次赉赐·马勒在船停靠上海外滩码头后下船闲逛，一个老农民模样的男人走到赉赐·马勒跟前叫住了他，随后老农民从竹箩筐里取出几件青铜器刀、鼎、盘等给他看。

"什么东西？"赉赐·马勒用刚学不久的生硬中国话问道。

老农民见眼前的洋人会说中国话，不由得兴奋地大声回答道："这是我们中国古代人用的东西，你要的话我便宜卖给你。"

"什么是古代人用的东西？"赉赐·马勒不解地问。

"就是从土里挖出来的东西。"老农民边说边用双手做了几个用锹挖土的动作。

赉赐·马勒立刻明白了老农民的意思，也知道了老农民放在竹箩筐里的东西的来源了。他兴奋地道："那是出土文物对吗？"

老农民忙点头道："对对对，是出土文物，你要吗？"

赉赐·马勒想到在伦敦古玩市场上每件中国古代的珍品都能卖个好价钱，由此他想，不如倒卖中国的文物，这样又省事又赚钱。于是便对老农民道："东西我要了，价格便宜些好吗？"见对方点了点头，他以很低的价格买下了老农民手里的文物。

此后，赉赐·马勒靠倒卖中国文物又赚了不少钱。

⊙上海街头

马勒家族迁居上海

◎ 早晨的外滩

光阴似箭,日月如梭,转眼十年过去了,在赉赐·马勒的支撑、照顾与关心下,老母亲过着衣食无忧、清闲自在的晚年生活,弟弟与妹妹早已从医学院毕业,都在伦敦的一家大医院工作,先后娶妻和嫁人生子,过上了幸福美满的生活。赉赐·马勒也娶妻成家,并生有两个女儿,大女儿四岁,小女儿二岁,长得非常漂亮,性格活泼可爱,一家人过着其乐融融的幸福生活。

然而,赉赐·马勒是一个充满激情和有好胜心的人,他不满足现有的

生活状况，而是想要干一番大事业，成为一个在社会上让人翘大拇指的人，更要开创马勒家族的事业。

看着大量朝中国上海涌去没干几年就都腰缠万贯发了大财的英国商人，赍赐·马勒的双眼都发红了。他意识到在上海定能赚大钱，而要想赚大钱就必须全身心地投入商海拼搏，仅靠做"顺便买卖"是做不大的，也做不强。

一句话：把家迁到上海"安家落户"，唯有这样才能真正干一番事业。

⊙开埠后的上海风貌

赍赐·马勒在决意迁居上海时，召开了一次家庭会议。他把弟弟妹妹的全家人请到自己家里进行了一番商讨，并把自己的打算告诉他们：

"我打算全身心地到中国上海开拓我们马勒家族的事业，并准备全家迁居上海。你们是否打算和我一块去？"赍赐·马勒看了看弟弟妹妹们又忙说，"这样吧，我的一家先过去，老母亲就暂由你们照顾了。"

弟弟妹妹们连连点头表示同意。

就这样，赍赐·马勒带着妻女来到上海，在新闸路置地盖房，全家落户安顿了下来。这是赍赐·马勒真正意义上开始闯荡商界。

赍赐·马勒从事的是航运代理业务，也就是干自己所熟悉的老本行。这一行当在当时的上海还算是一个新兴的行业，很受商人们的欢迎。随着欧美商人不断涌入及跨国贸易的增加，航运业务也随之兴盛。赍赐·马勒在短短的一两年里就发了大财。

然而，更使赍赐·马勒感到兴奋和欣喜的是，1870年，也就是他来到上海不到两年，妻子为他生下一个白白胖胖的儿子，取名爱立克·马勒。

在上海得子使赍赐·马勒深感上海是他人生与事业的福地，他要把这里当故乡。

几年后，随着家业的全面扩大，他把在英国的母亲和弟弟妹妹两家人都接到了上海。从此马勒家族成员全部定居并工作在了上海。

赟赐·马勒是一个慈父与严父

赟赐·马勒不仅事业心强,把精力花在了创业与开拓家族企业上,同时又是一个十分爱家、顾家与想家的人,对儿女的关心与照顾可以说是无微不至、全力以赴,也可以用"宠爱"来形容。但他在被称为"慈父"的同时也是一个"严父"。他是一个真正意义上的"慈"与"严"结合的父亲。

赟赐·马勒每逢礼拜天总要陪一家人在家里聚餐,一般对朋友的各种邀请都是谢绝的。他认为礼拜天是一家人相聚享受天伦之乐的最好时光。他还时常带着家人到公园里游玩和野餐,一家人围坐在草坪上享受美食和明媚的阳光。每逢有什么娱乐表演他总要带着家人一同去看。如果遇上节假日,赟赐·马勒还会带着家人去苏州、杭州、无锡、南京等地旅游,用他的话说,就是要让小孩从小去见识和了解大自然,同时也能使孩子们从小得到锻炼与磨砺,这有利于孩子们的身心健康。由此可见,赟赐·马勒确是一个慈父。

赟赐·马勒又是一位严厉的父亲。孩子从开始学走路和说话起,他就采取统一的教育方法。小孩走路时不小心跌倒在地,他与妻子都不会主动

⊙繁忙的外滩

去扶，而是鼓励他们自己想办法从地上爬起来，这样使他们能从小懂得独立。他更不会因小孩跌倒在地而当着小孩的面"打地板"，避免小孩从小产生一种"一切都是别人不好，自己全是对的"心理。孩子到了自己会拿羹匙的时候，就不再由父母喂他们吃，而且必须把食物吃完，不许有半点剩余。如果吃饭时不好好吃，到时就把饭菜收起来，过后肚子饿了再想吃就只能忍着。有一次，小爱立克·马勒因贪玩，父母亲叫他吃午餐，他略微吃了几口后就又去玩耍，而过了饭点母亲就把饭菜全部收走，到了下午三四点钟时他肚子饿喊着要饭吃，赉赐·马勒和妻子就是不给小马勒吃饭，并同他讲做人的规矩和道理，小爱立克·马勒从此就懂得了什么叫作"规矩"。

小孩一般都有一种占有欲，明明不是自己的东西只要喜欢就会设法占为己有。有一天，赉赐·马勒邀请好朋友一家做客，朋友的小孩带着一把漂亮的木制宝剑，小爱立克·马勒见了非常喜欢，希望对方小朋友把宝剑送给他玩，而对方小朋友只是让小马勒玩了一会儿。分别时，对方小朋友想从小马勒手中要回宝剑，但不懂事的小马勒就是不愿意把宝剑还给对方小朋友。赉赐·马勒见了，上前从小马勒手中夺过宝剑归还给了对方小孩，而对方大人见小马勒喜欢宝剑，执意要把宝剑送给他，但老马勒就是不让对方送给小马勒。朋友带着小孩离去后，小马勒见心爱的宝剑没能归自己，就要无赖坐在地上拼命哭闹。他想以此"胁逼"父母答应把宝剑给他。但"心狠"的父母就是不理小马勒这一套，使小马勒懂得了再哭闹也没有用。回屋后，父亲老马勒再次同小马勒耐心讲道理，让小马勒明白了不是自己的东西不可以占为己有。

老马勒在教育小孩的过程中总以讲道理的方法使小孩心服口服,从不用动粗、动武的方法来"征服"孩子们。

赉赐·马勒对儿子爱立克·马勒的培养可谓下了非常大的功夫。从小马勒八岁起,除了常规的读书学文化外,老马勒还教小马勒养狗、赛狗、骑马、赛马、博彩、游泳、击剑、拳击及摔跤等。老马勒认为男孩子必须从小学会这些东西,将来长大了才能成为一个顶天立地的大男人,才能有阳刚之气,遇到危险与困难时方能挺身而出、临危不惧。当小马勒长到十八岁时,老马勒就开始带小马勒出席公司的各种业务洽谈会、宴会、舞会、订货会,熟悉各类业务和社交。

爱立克·马勒大学毕业后,赉赐·马勒让儿子进入他的船运公司工作,从码头搬运、办理出入关手续,到拓展市场等各个环节,样样都要干。爱立克·马勒因而被他父亲培养成一个综合能力非常强的大男人。

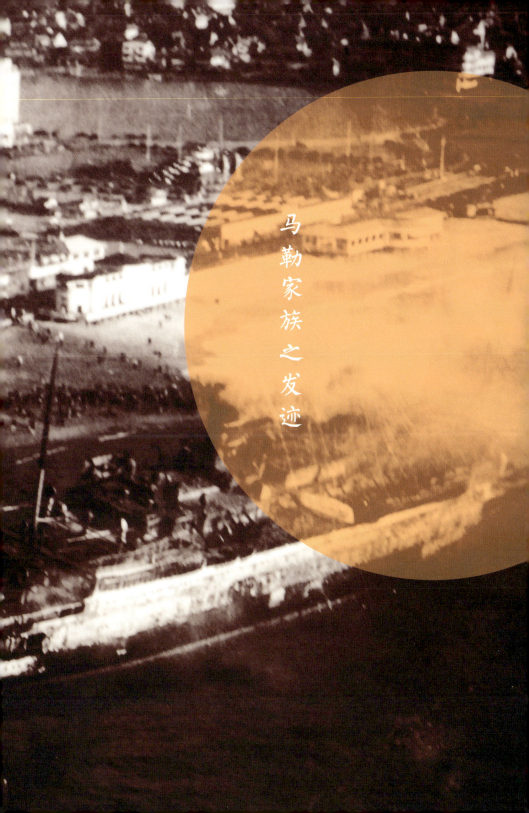

马勒家族之发迹

赉赐·马勒与白鬃马结缘

在 20 世纪初的上海滩,不少洋行大班和华商都知道上海有一个靠赌马发家的英国洋商马勒,也知道马勒家族与上海跑马厅有着密切的关系。这里就要说一说赉赐·马勒与上海英侨跑马总会霍克、韦勃等人的关系是怎样建立的。

1850 年,英商麟瑞洋行大班霍克与韦勃等四人组建了上海英侨跑马总会,利用权势强占了五圣庙(今南京路与河南路交叉口区域)附近八十亩土地并辟作花园。花园东南设"抛球场",并围绕花园筑成一条跑马道,即称为"老花园跑马场"。从外滩通向跑马

⊙商船从英国起航驶向中国上海

场的小道叫派克弄（南京路的前身），又名花园弄。跑马场开张后，花园弄周围十分热闹。每逢赛马时，跑马场周围都是人山人海，水泄不通。这一地域成了商人们争抢的宝地，地价直线上升。富有经营头脑的霍克将升值的第一跑马场高价抛出，赚得了一笔丰厚的资金。随后又以低价购入周泾浜（今西藏中路）以东一百七十亩农田，于1854年建成第二跑马场，人们又称为"新花园跑马场"，即现今呈半圆形的北海路、湖北路和浙江路一段区域。

由于第二跑马场的开业，再次引来这一地段人气的高涨，商人们又把这一地段作为经商的热门地段，因而新花园的地价也直线上升，霍克等人为赚取更大利益而不断扩大投资和产业规模。1862年再次把第二跑马场高价分块出售，紧接着又以低价购入泥城浜西岸四百三十亩土地，再次斥巨资建成了上海最大的跑马场——上海跑马厅，就是今天的人民广场与人民公园一带。

1863年新建成的跑马厅由于规模大，需要购买不少良种好马及饲养马的器具、兽药等从英国运输到上海，而赉赐·马勒时常要为跑马厅运输马匹及相关物资，日长时久便同霍克等人成了好朋友。霍克他们为了带东西方便，也非常愿意同赉赐·马勒交朋友。

1868年，霍克为了增加赛马场次多赚钱，需要增加马匹数量。这年夏天，霍克委托在英国的亲戚替他购买了五匹良种宝马，并托赉赐·马勒率领的商船运送至上海。赉赐·马勒是一个非常注重情谊的人，朋友所托之事会尽心尽责地办妥。谁都知道一匹好马的价格非常昂贵，因而在运输途中务必照顾好这些马的"生活起居"。赉赐·马勒在运送霍克的五匹珍贵良

◎很普遍的海上交易

马途中对马特别关照,每天总要到"马棚舱"看马的状态,一日三顾,早中晚从不少于三次。由此可见,赉赐·马勒是多么尽心尽责,把他人之事当作自己之事。

一天早晨,赉赐·马勒来到船内的"马棚舱"看马,让他意想不到的事情发生了:五匹马都出现了"病状",四匹黑鬃马半卧、半躺地在地上喘着粗气,而一匹白鬃马几乎是整个身体都躺倒在地上,奄奄一息。赉赐·马勒预感到这是中暑了,他赶紧打开船舱中的所有窗户,并让船员用凉水冲地板,起到通风降温的作用。

原来半夜时天下起大雨,负责分管船舱货物的船员在检查"马棚舱"时见雨水飘落舱内,出于对马的"关心",就把船舱内的窗户全部关闭了。没有想到船窗一关舱内就不透风,温度渐渐升高,氧气也随之不足,马匹就出现了中暑。好在被赉赐·马勒发现,及时采取了措施。

四匹黑鬃马不多时就恢复了健康状态,而那匹白鬃马由于所处的位置离通风口远,因而"受害"较重,身体恢复较慢。赉赐·马勒心疼地为白鬃马扇着扇子,还不时用凉毛巾为白鬃马擦身、同白鬃马说着话,希望它能坚强地好起来。说来也怪,那匹白鬃马竟然双眼流出了眼泪,仿佛听懂了赉赐·马勒的话。一个多小时后,白鬃马竟然站了起来,还吃起了草。赉赐·马勒一下兴奋了起来,还把白鬃马牵到船上的甲板上"放风"。白鬃马呼吸到大海中的新鲜空气后,四条腿在甲板上踏了起来,发出咚咚的响声,仿佛在告诉赉赐·马勒:我没事,我的身体已经完全康复,可以参加跑马比赛了。

此后的日子里,赉赐·马勒每天早、中、晚都要到船舱的马棚里去看望白鬃马,为它擦身,傍晚再牵到甲板上"放风"。白鬃马也非常通人性,每次看到赉赐·马勒走到它身边时,马头都会朝他仰一仰,嘴里还会嘶嘶地叫几声。它与他成了好朋友。

几周后,赉赐·马勒的船停靠在黄浦江码头。他把五匹马完好无恙地交给了霍克,完成了运输任务。然而,又一件令人意想不到的事情发生了。当赉赐·马勒把马交给霍克转身回船时,那匹白鬃马却跟在他身后。霍克他们牵着缰绳让白鬃马离开码头,它就是不愿跟霍克他们走。无奈之下只好请赉赐·马勒"帮帮忙"。果真在他的牵引下,白鬃马乖乖地跟着他走到了跑马厅、进入马棚。临别时,白鬃马默默地看着赉赐·马勒的身影流出了眼泪。这让所有的人都傻了眼。

懂得马匹习性的霍克拍了拍赉赐·马勒的肩膀,用一种非常中肯的口气说:"这匹马同你有缘,你要常来看它,它一定会给你带好运的。"

白鬃马为赉赐·马勒赢得百万英镑

由赉赐·马勒从英国运到上海的五匹马经过跑马总会饲养员的精心调理与训练,数日后很快就恢复了赛马的"战斗状态"。特别是四匹黑鬃马在几次赛马比赛中都有很好表现,不是这个获得第一,就是那个获得第一,给赛马比赛带来了活力,给赌马者带来了胜与负、赢与输那种心跳加速的刺激感。

然而,唯独白鬃马在赛马比赛中总是名落孙山,跑不出好成绩,使不少在白鬃马身上一掷千金者连连喊输得冤枉、输得窝囊。由此,赌马者给了白鬃马一个"臭马"的绰号,凡是白鬃马出场比赛的胜负赔率再大也没有人愿意押在白鬃马身上。白鬃马在赌马者的心中算是被判了"终身输家"的"无期徒刑"。

一个星期天的下午,赉赐·马勒到跑马厅玩,霍克对马勒说:"马勒先生,你知道马勒这两个字在上海话中是什么意思吗?"

赉赐·马勒看着霍克反问道:"在上海话中是什么意思?"

"马勒、马勒,在上海话的谐音中就是'马乐',也就是马会给你带来

赛马前跑马厅情景

⊙赛赐·马勒参加赌马大赛

快乐,而且是马上给你带来快乐,就是说会给你马上带来好运。"霍克是一个上海通,会说一口流利的上海话。

"真的?"赛赐·马勒听后哈哈大笑起来。他不信这个"马乐"会带给他好运,只当是霍克同他开开玩笑,增加一下轻松愉快的气氛。

"马勒先生,你不信我的话吗?"其实霍克也是同马勒开开玩笑而已,只是让他高兴高兴,加深彼此之间的友谊。

霍克带着马勒笑哈哈地来到马棚看那匹白鬃马。没想到白鬃马看到马勒后主动地朝他走去。马勒连忙大声道:"Hello, Hello!"白鬃马走到马勒跟前"嘶嘶嘶"叫了起来。马勒靠近白鬃马,亲切地用双手抚摸着它的头,白鬃马也微微晃了晃头,仿佛非常兴奋的样子。

站在一边的霍克及其他饲养人员见状都愣住了。这匹白鬃马真是太有灵气了,似乎同马勒"心灵相通"。也许是马勒在船上对白鬃马"优厚招待",抑或是"救了它一命",它像人一样懂得感恩。

"马勒先生,这匹白鬃马对你有感情,它下午要参加赛马,你把赢钱的希望押在它身上怎么样?"霍克开玩笑地说道。

"你们不是都说它是臭马,比赛老输,你想让我输钱吗?"马勒回答。

"这样吧，我们内部开一个一比一百的赔率，你押白鬃马。如果输了也输不了多少，你赢了不就是赚大钱了吗？"霍克看了看马勒又说，"对外我们开一比十的赔率，你看怎么样？"

马勒笑了笑道："霍克先生是不是拿我开玩笑，想让我输钱？"

"我是认真的，我是想验证一下'马乐'的含义是不是灵验。同时看看这匹白鬃马会不会为你争气。再说我们也希望你能赢钱。"霍克用很认真的语气说道。

"好，那就试试，我在白鬃马身上下注一万英镑！"马勒决定孤注一掷。

临近比赛时，马勒特地又到马棚去见了白鬃马，并对白鬃马说道："好朋友，今天赛马我把赢钱的希望都押在你身上了，你要帮我争口气，跑第一名啊！"

那白鬃马听了马勒这一番话，仿佛听懂似的对马勒"嘶嘶嘶"地叫了三声，像是在告诉马勒："一定赢！"

跑马比赛是在下午 4 点。当时钟敲响 4 点时，赛马的栅栏门被打开了，只见白鬃马抢在最前面，在跑道上一路狂奔，把其他马甩下一大截，第一个冲向终点。

贲赐·马勒兴奋极了，他赢钱了，他一下赢得了一百万英镑，成为跑马厅开张以来第一个赢得百万英镑的赌马者。贲赐·马勒瞬间成了百万富翁。

白鬃马再次为赉赐·马勒赢巨资

赉赐·马勒通过赛马博彩一夜之间成了上海滩上的百万富翁,这在当时的上海洋人中引发了轰动效应。跑马厅的赛马博彩生意更加红火起来,不少人把博彩的赌注押在了白鬃马身上,希望它能不断跑第一名,为押注人赢大钱。但是,一切事与愿违,白鬃马多次参与赛马却总是跑在后面,使赌马者纷纷失望而回,更有甚者倾家荡产、血本无归。白鬃马在博彩者的心目中又成了"臭马"而无人问津。

然而,靠白鬃马博彩赢得百万英镑的赉赐·马勒却是从内心里感谢白鬃马给他带来好运,使他成为百万富翁。他在商船起航去伦敦的当天上午特意到跑马厅马棚里看望白鬃马,还给它擦了身体,喂它吃草,临别时还特别关照饲养员要精心照顾好白鬃马,并给了饲养员一笔劳务费,希望饲养员真心实意地对白鬃马好。

半年之后,赉赐·马勒的商船回到上海。马勒第一个想到的是去看望白鬃马。当马勒来到跑马厅马棚对白鬃马叫喊时,白鬃马又再次走到他跟前,显露出一副兴奋状。它好像也对马勒有一种"久别重逢"的感觉。

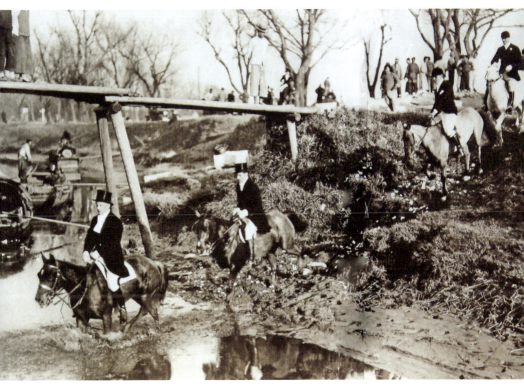

⊙洋人在骑马比赛

跑马厅大股东霍克见赉赐·马勒同白鬃马那种特有的"人马情",不由得对马勒提出了一个"挑战",希望马勒押注白鬃马同他再赌一把,赔率为"一比十",即马勒出一块,霍克他们出十块。霍克认为上次同马勒一比一百的下注输了是一种偶然,所以希望再同马勒赌一把。霍克并非是想赢回输给马勒的钱,而是为了炒作跑马厅的生意。他通过广告让人知道:曾

⊙ 上海跑马厅跑道　　　　　　　　⊙ 早期上海跑马厅围栏

⊙ 上海街头的马车　　　　　　　　⊙ 正在赛马博彩

　　经靠白鬃马赢了一百万的马勒再次押注白鬃马参与赛马博彩。这下在赌马博彩者中引起了轰动，那些曾输给马勒的博彩者纷纷参与了博彩。他们不相信白鬃马会再次演绎"神话故事"，即那匹"臭马"能再变成"神马"。

　　赛马那天下午，跑马厅里是人山人海，博彩的、看热闹的人纷纷涌入场内。观看赛马的人把票子抢购一空，人们就是想看看白鬃马会不会再次上演奇迹，马勒能不能再次赢大钱。许多人在赛马前还议论纷纷，都不相信马勒这次会再赢钱。原因很简单，白鬃马在为马勒博彩赢得一百万英镑之后就再也没有获得过第一，甚至常常是倒数第一或第二。

下午2点钟，跑马厅的第一场赛马比赛开始了。这是一场由赉赐·马勒押注白鬃马"一比十赔率"的博彩赛马，也是许多人关注的一场重头戏。而最为关注的是看被人称为"臭马"的那匹白鬃马会不会再创"奇迹"。

赛马的栅栏门一开，十几匹马犹如离弦的箭在跑道上狂奔起来。五十米时白鬃马排在第八位，随后它一匹匹地赶超着。观看赛马和赌马的人都拼命地叫喊着，场内可用一片沸腾来形容。押赌者总希望自己赌的马越跑越快，这样就可以赢钱。

在沸腾的人声中，白鬃马越跑越快，仿佛是在飞驰，把前面的马一匹一匹地超越。

"这白鬃马跑疯了，这白鬃马跑疯了……"

"白鬃马要超越那匹黑马了！"

"白鬃马超越黑马了……"

在临近终点时，白鬃马一跃超出了它前面那匹彪悍的大黑马大半个身子夺得第一。

赉赐·马勒再次赢得了数十万英镑。

然而，那匹白鬃马在冲过终点后却倒在了地上。赉赐·马勒当即请了最好的兽医对白鬃马进行救治从而保住了它的命。

白鬃马是在为赉赐·马勒赢钱而拼命。马勒为了表示对白鬃马的感谢和回报，花钱从霍克手中买下了它，并一直当作"孩子"一样养着它。

赉赐·马勒一跃而成为上海航运巨头

马,成了赉赐·马勒的"幸运之神";上海,成了他的幸运之地。有了钱之后的赉赐·马勒对上海产生了依恋之情。他从内心深深地喜欢上了上海这座东方之城。他打算在上海发展自己的航运事业。

为了在上海发展自己的航运事业,赉赐·马勒对上海及江浙地区的内陆河运进行了考察,发现上海周边地区的手工业纺织品及农货产品非常丰富,河流也四通八达,搞水上运输行业一定很赚钱。做生意的商人需要采购货物,而货物购买后需要运到上海进行买卖。在陆上交通不发达的上海及周边地区,运送货物的最佳渠道是江河,最佳运输工具是船。1869年,赉赐·马勒辞去伦敦大英轮船运输公司商船轮船长的职务,在外滩的洋泾浜(今延安东路)处开设马勒水上货运代办公司,并在黄浦江边建造了货物仓库,在吴淞江(苏州河)靠近河南路处建造了码头和仓库。黄浦江边的仓库专门为洋行等一些大客户代办海运业务,而吴淞江码头和仓库主要经营河道货运的代办业务。由于当时上海缺乏这一业务,马勒经营的水上货运代办业务一下就兴旺起来,每天都能接到货运代办的大订单,钱就像

⊙运输船云集黄浦江

⊙ 上海黄浦江上

⊙ 上海周边的客运船

水一样哗啦啦地流进赉赐·马勒的口袋里。他发财了,而且是发了大财。

由于赉赐·马勒的"出身"就是搞海上航运,在这一方面他驾轻就熟,干起来得心应手,再加之上海没有人能同他竞争,从而早期上海的河上和海上航运业务这块大蛋糕就由赉赐·马勒一人独享。他成了上海洋商中又一位大富商。

转眼到了1889年,赉赐·马勒通过二十年的奋力拼搏,已成为东南亚洋商中的大哥大。他有内河运输船十七条,海上货运船六条,成为一个大实业家。

19世纪末,上海的城市发展非常迅猛,租界的规模不断扩大,各类商贾巨富纷纷涌入租界内发展,进出口商品贸易及省市之间的商品贸易量也逐年上升,河运与海运业务十分兴旺。船运量加大,船的损耗也大,对船的维修保养显得尤为重要。精明的赉赐·马勒没有停留在只经营水上航运这一业务上,而是又开办起"船舶维修保养代办公司",专门为欧美各国来到上海的远洋船只代办维修保养业务。赉赐·马勒把接到的船只维修保养订单发给当时上海的华泰机械厂和华丰船厂,从中获利。

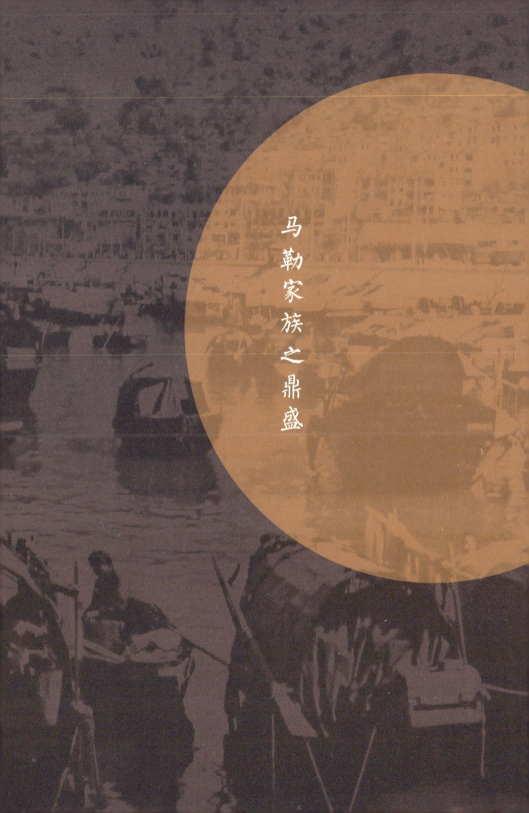

马勒家族之鼎盛

三十岁的爱立克·马勒执掌马勒企业大权

马勒家族的产业越做越大，赉赐·马勒的年纪也越来越大了。到了1899年，赉赐·马勒已入花甲之年，他深感自己年事已高，干事情有些力不从心了。而此时他的儿子爱立克·马勒已虚岁三十，按照中国人的习俗，年过三十岁的男人必须成家立业。赉赐·马勒在中国生活时间长，可以说早已是一个中国通了。他感到中国人的"三十而立"一说非常有道理，男人三十岁后在为人处世方面都成熟了，而且又是人一生中精力最充沛的好时光。赉赐·马勒打算把全部产业管理权移交给儿子爱立克·马勒，一切业务都由他来打理。

这是秋天的一个礼拜天傍晚，赉赐·马勒为自己举行了一场六十岁的生日家宴。他把儿子、女儿、侄子、外甥等家族中的小辈都请到了家里。他要向小辈们宣布一个决定。

在寿宴上，赉赐·马勒身穿一件蓝色的绸缎长袍，一副中国老人的打扮，手里夹着一支雪茄烟，一副休闲的模样。

"今天，我把你们小辈请来，一是为我祝寿，二是要告诉你们我要退下来安度晚年享清福了。我现在决定马勒洋行下的所有公司的经营权全部由爱立克·马勒掌管,而在座的女儿、女婿、侄子和外甥也都享有马勒洋行的部分股权。"

"谢谢爸爸。"

"谢谢伯伯。"

"谢谢舅舅。"

……

⊙马勒家族在上海的轮船维修保养厂

小辈们从此有了洋行的股份,个个兴奋了起来,都情不自禁地连声道谢。赉赐·马勒的这一重大宣布,使他的小辈们一下就变成了百万富翁,成了上海滩上的富有阶层。

赉赐·马勒见小辈们高兴,他也非常高兴,脸上露出一种满意而又幸福的微笑:"孩儿们,你们都是我的亲人,都是我们马勒家族的成员。马勒家族的成员都要过上富裕的幸福生活。我们马勒家族的企业必须要做好、做大、做强,这样我们的脸上才有光彩,马勒的先祖们也会在天堂看着我们微笑。"接着他把目光转向儿子爱立克·马勒,"爱立克,今年你也三十岁了,是到了该挑起重担的时候了,我把经营马勒家族企业的重担压在你肩上,不要辜负爸爸和在座的你的这些姐姐、姐夫、弟弟、妹妹、堂弟、堂妹、表弟、表妹的期待啊!"

"爸爸放心，大家放心。我爱立克·马勒绝不辜负你们的期待，一定会把我们马勒家族的企业做好、做大、做强，使我们所有马勒家族的成员永远过上幸福和富裕的日子。"爱立克·马勒充满信心地说。

　　从此，三十岁的爱立克·马勒成了马勒家族企业的掌门人。

⊙ 马勒家族企业

爱立克把马勒产业扩大至多种领域

爱立克·马勒从他父亲赉赐·马勒手中接过经营管理马勒家族产业的大权后,便不再亲自出海跑远洋业务,而是坐镇在公司的大本营,深思熟虑地规划如何进一步做大做强企业的规模。他要把海运、河运、货运、客运、船舶维修保养代理等业务全部转变为自己独立经营的产业。

19世纪末,上海周边地区的农业与手工业经济比较发达,贸易往来繁忙,但交通运输非常落后。为此,需要开通水上交通运输。具有经营头脑的爱立克·马勒为了大展宏图,亲自带着公司的骨干对吴淞江流域、长江流域及上海附近的沿海地区的城市进行考察,先后推出上海至苏州、无锡,上海至南通、南京,上海至宁波等内河与海上客运业务,并分别在今天的苏州河河南路口、杨树浦公平路附近的黄浦江边及延安路口的黄浦江边租用了一些土地,建起了客运码头。由于当时到上海经商的人多,爱立克·马勒所经营的这一客运业务很受欢迎,投资回报率很高。爱立克·马勒很快就收回了投资成本,并且不断盈利。

爱立克·马勒在经营内河客运业务的过程中,还派生出另外两项赚钱的业务。他在客运船上推出餐饮业务和表演业务。当时不少商人到上海做生意乘船时都是靠自带的干粮充饥,这干粮对旅途中一路劳顿的人来说食之无味,乘客都想吃可口的餐食。于是船上就推出了各类套饭。套饭的价格根据菜的品种级别定价。这样既方便乘客又赚到了餐饮钱。

由于船运速度比较慢,从无锡、苏州到上海都要许多时间,不少乘客会感到寂寞、枯燥。爱立克·马勒就专门请一些艺人来表演。上海及江浙地区的百姓平时的娱乐生活就是听戏看戏,而且特别喜欢听苏州评弹和说书。船上推出"娱乐生活"节目后同样很受乘客欢迎,乘船不再是枯燥的事,许多乘客因而喜欢乘坐马勒客运公司的轮船。

20世纪初,随着货运与客运业的迅速发展,船舶的维修和保养业务量也随之猛增起来。这又是一个赚钱的产业。为了扩大产业链,爱立克·马勒再次斥巨资在现今的杨树浦自来水厂附近圈地二十亩,创办轮船维修厂——马勒船舶修理公司。这样一来自己企业的货运船和客运船的维修保养可以自我解决,而且还可以承接企业外的船舶维修和保养业务。既可做到肥水不流外人田,同时又增加了一块业务。这对维护自身企业利益和扩大企业规模都起到了积极的促进作用。

爱立克·马勒是一个非常精明的商人。他能做到与时俱进,有超强的进取精神。20世纪20年代,由于大量人员涌入上海经商做贸易,住宿成了一大热门行业,而且这一行业绝对有发展前途。为此,爱立克·马勒又把目光瞄准了上海的客栈业。他选择在坐船客人最多的地方,即现今的小东门附近购置土地,盖起了一座客栈,取名马勒客栈。客栈分上下两层,有客房四十六间,床位一百零八个,设有单人标房、双人标房、三人标房及十人住普通房，标房内有独用卫生间等，洗漱方便，很受顾客青睐，每天的住宿率接近百分之百。

爱立克·马勒还是一个摄影爱好者，对摄影技术很有钻研。他随父亲远洋时，每到一处都要拍下许多照片留念。那时上海人对照相很感兴趣，把到照相馆拍照看作一种时髦和富贵的象征，谁家里挂着大照片，谁家就是有钱的大户人家。爱立克·马勒抓住这一商机又在四川北路靠近苏州河附近人流多的商业繁华地段，开设了一家爱立克照相馆，使马勒家族的产业不断扩大。

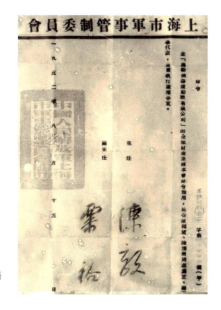

⊙ 马勒机器造船厂被新政权征用

⊙游轮上的欢乐一幕

马勒产业发展的鼎盛期

1914年8月，第一次世界大战爆发，以德国为首的同盟国与以英国、法国为首的协约国开战了。这一战争的爆发给在上海经商的英法等国的商人带来巨大的震动。当时中国的一些政界强人和军界强人纷纷发出声音，想借英法政府忙于同德国等同盟国开战之际，把西方洋人从租界内赶出去，一雪耻辱。

那些胆小而又敏感的英法商人生怕中国人会趁机来抢夺他们的财产，纷纷把地产和房产贱卖，离开中国。当有商人惶惶不可终日贱卖财产之时，具有政治和商业判断力的爱立克·马勒却是胸有成竹，深感当时的中国政府还不敢也没有能力与英法等欧美各国政府抗衡，故不但没有把家产和企业贱卖，而且还收购了大量的地产、房屋、店铺。在现今的陕西南路与延安中路地段购买了五十亩地，在现今的杨浦区复兴岛及浦东黄浦江边分别购买了五十亩与一百亩土地。在十六铺及现今淮海路上买下了十多个商铺。两年之后上海的地皮、房产、商铺的价格又出现猛涨，特别是商铺的价格涨得最快最高，爱立克·马勒趁此机会把十多家商铺再高价卖出，由此赚了一笔巨款。

爱立克·马勒不仅是一个有远见卓识的商人,而且还是一个会精打细算的人,他把十几个商铺转手买卖所得的钱款与原先企业所赚的钱加在一起进行投资估算,得到的是令他满意的结果,他又可以用巨款投资新的产业了。

1918年,爱立克·马勒在复兴岛所购的土地上建造了一幢幢厂房,并从英国和美国购买了不少机器与设备,经过近三年的努力打拼,一家现代化并具有一定规模的英商马勒机器造船厂诞生了。该厂主要经营项目是对各类船只进行护理、保养、维修。这样既能为自己企业中的大船舶省下维修费,还可以赚取其他大型航运企业的轮船维修和保养费。

到了20世纪20年代中期,上海的商业贸易越来越兴旺发达,水上的航运业务越来越繁忙,对船的需求量也越来越大,造船业充满商机。爱立

⊙ 马勒家族的厂房

克·马勒瞄准这一商机,又在浦东所购的地皮上建造了一家大型的企业——马勒机器有限公司(今沪东造船厂前身),主要生产和制造船舶中的机器、设备、设施等,同时还制造中小型船舶。

到了20世纪20年代末,马勒家族拥有两家工厂、十家公司,大小河运与海运船舶四十艘,总吨位达六万吨左右。拥有各类管理人员及员工三千余人,成为上海洋商中的佼佼者。

⊙为大型商船维修保养

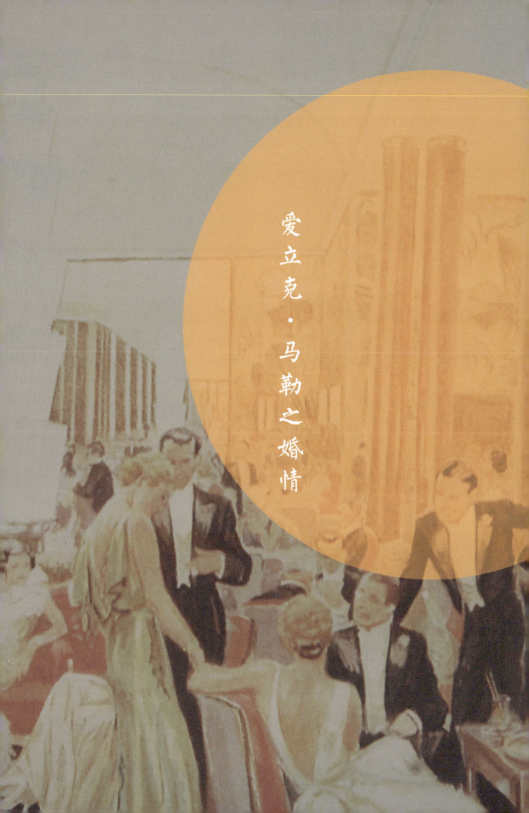

爱立克·马勒之婚情

爱立克·马勒的爱情奇缘

常言道：男大当婚，女大当嫁。爱立克·马勒从老父亲赉赐·马勒手中接过家族企业的重任后，就一直忙于经营和管理企业，把个人的婚事抛在了脑后，无心也无暇顾及自己的终身大事。但是作为马勒家族的传承人，爱立克有责任为家族传承血脉。父亲赉赐·马勒为此也时时催促爱立克娶妻成婚、生儿育女，希望在自己的有生之年看到家族后继有人，最好是人丁兴旺，血脉代代相传。

一天，父亲赉赐在跑马总会的老朋友聚会上，同怡和洋行大班谈起了儿女的婚姻之事。对方得知赉赐的孩子爱立克三十多岁还没有娶妻，就想到了自己有一个侄女，已二十七岁还待字闺中不愿出嫁，于是决定让两个大龄男女见见面，看看两人之间有没有姻缘。然而，爱立克在见了那位怡和洋行大班的侄女后没有相中对方。虽然姑娘出身豪门，长得非常美艳高贵，气质不凡，但是在爱立克眼里出身高贵并非好相处，除了有娇气之外，还缺少中国女人的"温柔"与"贤惠"，而最重要的是女方从小生长在英国，不懂中国的文化，不会说中国话。爱立克·马勒希望寻找到一个像他

⊙西式结婚照

⊙ 在沪英国侨商的中秋晚会

一样生长在中国并会说一口流利上海话和标准中国话的姑娘为妻。由于没有遇上心仪的姑娘，他的婚姻大事就被拖了下来。

爱立克·马勒的感情缘分还没有遇到，而那种冥冥之中说不清道不明的缘分不降临，别人再焦急也是徒劳。然而，有时候根本没有想到的美事却会突然降临到身上，就是想推也推不掉。这就叫作奇缘。

一天，沙逊洋行要在外滩黄浦公园举办一场中秋晚会，老沙逊特邀请赉赐·马勒出席。可那天赉赐·马勒正好发高烧去不了，就叫儿子爱立克替他出席晚会。爱立克不想去，他要照顾和陪伴老父亲。但老父亲执意要爱立克出席晚会，一来是出于礼节，二来是为了让爱立克交更多的商界朋友。

晚上，爱立克·马勒身穿西装，戴着领结，脚穿锃亮的黑色尖头皮鞋，头上梳了一个"三七开"发型，一副英俊潇洒、风度翩翩的绅士派头。

出席舞会的都是在沪的英侨商人，用最普通的上海话说就是"有铜钿的人"。在沪的洋商时常以这种形式相聚叙旧及互通商情。

爱立克·马勒出席中秋晚会的席位正好与巴地洋行的老板老巴地的席位挨着。老巴地与赉赐·马勒年龄相仿，来上海经商的时间也同赉赐·马勒相差无几。最令爱立克感到惊讶的是，坐在老巴地身边的是一位身穿白色晚礼服、长得非常漂亮、年约二十五岁、会说一口流利上海话的姑娘。她坐姿很美，一副矜持的模样。她深深地吸引住了爱立克·马勒的双眼。姑娘名叫伊莎丽·巴地，是老巴地的小女儿。

和煦的晚风从江面上轻轻拂过，让每个出席晚会者感到凉爽和舒适。伴随舒缓、悦耳的舞曲，爱立克和伊莎丽迈着优雅的舞步，彼此轻声细语地交谈着、沟通着、了解着。

晚会结束了，爱立克·马勒同伊莎丽·巴地大有一种意犹未尽之感。临别时他俩互留了通信地址。此后，爱立克和伊莎丽坠入甜甜蜜蜜的爱河之中，两人常常依偎在一起谈情说爱。他俩能投缘，是因为他俩都生在上海、长在上海，又都喜欢中国文化。在他俩的心目中上海就是自己的家乡。只有同样生活背景的人在一起，才能有共同语言，才能有一辈子的幸福生活。

一对有情人终于走到了一起。

⊙ 上海早期教堂

爱立克与伊莎丽的中西式婚礼

　　同样出生与生长在上海，一样的生活背景，一样的喜欢上海，一样的在家说英语在外说上海话，一样的会吃西餐更爱吃中餐……这太多的"一样"，使爱立克·马勒与伊莎丽·巴地之间情投意合，相恋不到一年就准备举办婚礼了。

　　爱立克与伊莎丽要结婚，这对双方家人来说都是一件大事。可举办怎样形式的婚礼却又难住了双方家庭。虽然男女双方都是虔诚的基督徒，婚礼应该在教堂里进行，但他们又热爱中国文化，新郎与新娘都是出生和生长在上海，家族产业的兴旺与壮大都是靠上海这块"风水宝地"，上海给两家带来了巨大利益，而婚礼又邀请了上海政界与商界的不少名流，如果仅举办教堂婚礼显然会让华方朋友有一种"大不尊"的感觉。就在新郎新娘双方家庭为难之时，聪明、灵活的爱立克想出一个两全齐美的办法，即下午先举行西式的教堂婚礼，晚上再举行中式婚礼。

　　1903年5月的一个礼拜天下午，九江路（江西路口）上的圣三一教堂内鲜花簇拥，一只只艳丽的花篮把教堂打扮成花的海洋，一些蜂蝶嗅到了花香纷纷从教堂的窗口外飞入。它们在姹紫嫣红的百花丛中自由飞舞,教堂充满了热烈与喜庆的氛围。

下午1点30分,在宽敞的圣三一教堂里,爱立克与伊莎丽两家的亲朋好友济济一堂,共同为新人祝福。

爱立克与伊莎丽的西式教堂婚礼开始了。当司仪宣布爱立克·马勒与伊莎丽·巴地的婚礼正式举行时,乐队随即奏响了《婚礼进行曲》。随着悦耳、舒缓的乐曲响起,美丽的伊莎丽身披洁白而又飘逸的婚纱在父亲老巴地的挽扶下缓缓地向婚礼前台走去。新娘面前是两男两女四个小傧相,他们一边撒着鲜艳的花瓣一边引领着新娘。新娘的后面也是两男两女四个小

⊙婚礼上的亲朋好友

傧相，他们手拉着新娘约十米长的婚纱裙摆。那场景实在是气派、富贵、高雅。新娘的婚纱让在场的人看了无不称奇夸赞，那件十米长的婚纱在当时的洋人西式婚礼中创下了一个"最长"的纪录。当有人问爱立克·马勒为什么要让新娘伊莎丽穿十米长的婚纱时，他笑了笑，自豪地用一句中国话说："这叫十全十美，也意味着幸福生活长万年。"当有人问爱立克为什么要请八个小傧相时，他又笑了笑说："上海话中的'八'是一个吉祥的双数，就是'发财'的意思。"爱立克·马勒真是一个地地道道的"老上海人"，连自己婚礼中小傧相的人数及婚纱长度也讲究一个好数字，以求处处都能吉祥如意。

下午6点30分，爱立克·马勒和伊莎丽·巴地的中式婚礼在高档的上海一品香饭店举行。婚礼现场的大门口挂着一排排大红灯笼，餐厅里更是张灯结彩，正面墙上贴着一个红色醒目的"囍"字，墙面的四周有红色的彩球彩带环绕。整个婚礼现场充满了中国传统的喜庆氛围。新郎和新娘也是一身的中式打扮。新郎爱立克上穿红色的马褂，下系一条蓝色的圆裙，头戴红色的点子帽；新娘伊莎丽身穿绸缎红衣，下穿红色裙子，脚穿红色绣花鞋，头上盖着红盖巾。

当爱立克胸前戴着一朵大红花骑在马上，后面伊莎丽坐着一顶八人抬的红色大花轿出现在马路上时，引来了许许多多上海市民的好奇，人们纷纷站在马路两侧看热闹。因为很少看到洋人按中国的习俗娶亲。

更有趣的是，婚礼队伍在去饭店的路上还有一支中洋混合的乐队。他们一路上不停地吹吹打打，还发喜糖给看热闹的人，从而引来路人一声声的喝彩。

爱立克与伊莎丽的中式婚礼全部按中国的传统形式进行，主婚人必须要请德高望重的中国人，这样才显得庄重、气派和高贵。由于男女双方家庭都是在沪的实力派洋商，故请了时任上海道台袁树勋做爱立克与伊莎丽婚礼的主婚人。许多上海的华商巨富和政界要人都被邀请参加了婚礼。

婚礼仪式开始后，新郎新娘首先要拜天地，拜父母，再夫妻对拜。然而当主婚人让新郎新娘拜天地时，两人不知道用什么方式拜，竟一同把双手高高举起向空中来了个飞吻，引发了众人哄堂大笑。当主婚人让新郎新娘"夫妻对拜"时，新郎爱立克对着新娘点了点头后走过去一把将新娘的红头盖揭去，然后抱着新娘就是热吻。他的这种在西式婚礼上的举动让在场的中国宾客见了先是一惊（按中国习俗新郎只能在入洞房后才可揭新娘红头盖），很快众人又一下哄堂大笑起来，深感洋人举行中式婚礼很有趣。

而爱立克·马勒举行中式婚礼的真正目的除了出于对中国文化的热爱外，关键还是为了能融入华人社会的上流阶层。

一个尽心尽责的好丈夫好父亲

有人曾这样评价爱立克·马勒,说他顾家、爱妻、爱儿女,是一个很富有爱心和责任心的男人。这话说得一点都不错。爱立克·马勒确确实实是一个好男人、好丈夫、好父亲。

爱立克·马勒与伊莎丽·巴地结婚后就特别顾家,每天都是两点一线——上班去公司,下班就回家。如果有什么派对的话,他会把伊莎丽带去,不让妻子婚后产生寂寞感。如果是礼拜天,妻子伊莎丽想要逛街,爱立克总是相伴,因而他们被称为一对感情甜蜜的洋夫妻。

婚后半年,伊莎丽怀孕了。爱立克更是对妻子关心备至,她想要吃什么就买什么。有一天半夜,妻子伊莎丽睡觉时一直翻来覆去睡不着。细心敏锐的爱立克关心地问伊莎丽,当听到妻子说肚子有些隐隐作痛时,他马上从床上坐起身问个究竟。为预防不测,一贯行事小心谨慎的爱立克马上帮伊莎丽穿上衣服连夜带她到附近的教会医院"急诊"。结果是虚惊一场。原来伊莎丽肚子里的小宝宝不断长大压迫到了她体内某一个神经部位,所以偶尔会有隐隐的痛觉感。这是孕妇妊娠期的一种正常反应。孕妇与肚里胎儿一切都无事，这下总算使爱立克放下了心。

爱立克·马勒为了保佑妻子伊莎丽和她肚子中的小宝宝平平安安、顺顺利利、健健康康，每天都要作祷告。在他的祈祷下，伊莎丽终于在十月怀胎后生下了一对活泼可爱的双胞胎男孩。这可把爱立克·马勒乐坏了。马勒家族后继有人，香火旺盛。按中国人的习惯，爱立克买了许多红彤彤的喜蛋发给员工。

双胞胎满月后，爱立克·马勒大摆了三天满月酒，邀请上海华洋各界的亲朋好友。他手下的所有员工也被邀请喝满月酒。这样也使爱立克的为人好、气派大等好口碑不断地被传扬开来。

在以后的十年里，爱立克·马勒与伊莎丽又生了三个儿子。每逢爱妻伊莎丽在医院生产时，爱立克总是守护在产房外并不断祈祷，他要听到自己孩子的哭声、听到母子平安的消息。而当产房门打开、看到妻子和新生的孩子安然无恙时，他总会有一种激动与兴奋感。

爱立克·马勒身为人父之后，努力做一个好父亲。逢年过节或礼拜天，他时常带着妻儿到郊外野餐或外出旅游。男孩子长到八岁，就送到学校读书。除读书之外，他还牢记家训，培养孩子学会骑马、游泳、拳击、打各种球类。爱立克认为男孩子必须要掌握男人应该掌握的"武功"，这不仅有利于身体健康，还能磨砺男人坚强刚毅的意志，有利于长大后在工作与事业的道路上能够独当一面。在学文化方面，爱立克要求儿子们在懂得西方文化之外，必须注重学习中国的文化知识。他曾对自己的小孩说，马勒家族虽然不是华人，但是都是生长在中国上海，这里就是我们的家乡，学好

⊙ 在沪外侨家的孩子们

中国文化是我们马勒家族赖以生存的根本。爱立克·马勒的儿子们个个都会说一口流利的"国语"和上海话,还都能背唐诗宋词。

⊙ 姐妹花

马勒夫妇千呼万呼得爱女

  中国人把多子多孙视为家族的"福气"和"兴旺",而爱立克与妻子伊莎丽十年间生了五个儿子,这对于夫妇俩来说是家庭的幸福之事。每天能和五个活泼可爱、聪明听话的儿子在一起玩耍、逗乐让他们非常开心,其乐无穷。

  每当爱立克夫妇带着五个儿子到公园游玩时,总会引来别人羡慕的眼光。此刻夫妻俩心里总有说不出的高兴。然而,高兴之余夫妻俩也有遗憾,看到别人家有男孩有女孩就会流露出羡慕,特别是妻子伊莎丽看到漂亮可爱的小女孩从她身边走过时,时常会去抱抱别人家的小女孩,亲昵地吻一吻。这一切让爱立克看在眼里明白在心里。他深知妻子希望有一个女儿。女儿与母亲最贴心、最亲切。将来儿子们长大娶媳妇,媳妇是无法替代女儿的。爱立克与伊莎丽结婚十周年之际,伊莎丽又怀孕了。他俩希望这次怀上的是女儿,是一个漂亮、聪明和可爱的女儿。

  已生育五个儿子的伊莎丽应该说也是一个"经验丰富"的孕妇了。她这次怀孕后的妊娠反应与前几次有一个明显的不同,特别喜欢吃酸味的东西,而且没有呕吐反应,到了怀孕八九个月后肚里也没有怀前五个儿子时那种"拳打脚踢"的胎动感,就是偶尔有动感也是轻轻地动一下。这使得爱立克与伊莎丽认为这次怀上的一定是女儿。

为搞清肚中的胎儿究竟是男是女,他们寻求中医的帮助。在医疗水平并不发达的年代里,不少人相信中医可以用切脉来判断孕妇怀的是男是女。爱立克从小生长在中国,是一个中国通,他对中国的中医切脉诊断还是比较相信的。爱立克通过上海商界的朋友介绍,特请了当时上海有名的老中医到家里为妻子号脉,确定了伊莎丽怀的是女儿。爱立克与伊莎丽非常高兴,他们家将要多一个女儿了。

⊙母亲抱着刚出生不久的女儿露毕爱不释手

⊙马勒一家人的全家福

小心的爱立克为了进一步确认妻子肚里的胎儿是女孩,又一连请了两位老中医到家里为妻子号脉,最终结果都是一致肯定伊莎丽怀的是女儿。这下爱立克与妻子总算是心定了,他们盼着女儿早日降临人世。

1914年8月中旬的一个夜晚,独自睡在床上的伊莎丽突然小便频繁,肚子时不时地隐隐作痛。伊莎丽自知肚中足月的女儿要降临人世了。她既兴奋又害怕。兴奋的是女儿一出世就要同她相依为命了,害怕的是丈夫爱立克此刻不在身边。爱立克因公司在宁波的业务出现问题而赶去,在办完事准备坐船回沪时遇上台风,一时无法回家,不能守在妻子身边。伊莎丽趁还能起身走动就让用人叫车送自己到附近的教会医院。

然而,生子一直都很顺利的伊莎丽这次被送进产房后分娩却不顺利,腹中的胎儿怎么也"不肯"出来,把伊莎丽折腾得精疲力尽、疼痛无比。一直到下半夜胎儿还是产不出来。这下把医生急坏了,如果大人体力耗尽将会导致大人小孩生命危险。万分焦急的医生一边鼓励产妇伊莎丽再使劲,一边采取措施用产钳钳住胎儿头部往外拉,花了九牛二虎之力后,一个可爱的女婴出世了。但令人感到意外的是,刚出生的女婴脸色发红发紫没有哇哇的啼哭声。这是一个非常危险的信号,医生们马上对女婴进行抢救和人工呼吸。约三四分钟后女婴有了呼吸和轻微的哭声,医生和伊莎丽悬着的心一下落地了。

半个月后,爱立克·马勒从宁波回到家,得知伊莎丽那段"惊心动魄"的分娩过程后,心情久久不能平静。他很自责和愧疚,也更觉得这个女儿得来不易。为了使女儿一生都能幸福,就为她取名叫露毕·马勒。英语中的露毕意思为红宝石,其意就是女儿像红宝石一样珍贵,也意味着爱立克夫妇对女儿的喜欢。

⊙露毕十二岁生日留影

爱女梦中的生日礼物是别墅

　　转眼十二年过去了,爱立克·马勒的爱女露毕·马勒也已出落成一个大姑娘了。她皮肤白净,一双大眼乌黑发亮,鬈发披肩,身材苗条,给人的感觉是漂亮、聪明、文静。但露毕·马勒时常身体不舒服。为此,爱立克与伊莎丽就特别照顾女儿,买最好最有营养的东西给女儿吃,还专程带女儿到英国、美国就医或检查身体,但都查不出有什么病,只有一个说法,那就是露毕·马勒体质较弱,容易患病,需要对她加强营养,提高免疫力。

　　为了提高女儿的身体素质,爱立克·马勒专门请了上海有名的老中医为女儿进行中医调理。在中医的药物与膳食的调理下,露毕·马勒的身体素质有了提高。爱立克与妻子一般情况下不让心爱的女儿到人流量多的地方玩,尽量让她少接触外面的人群,生怕体质差而被传染患病。因而在露毕·马勒到了上学年龄的时候也不让她去学校读书,而是请华人与洋人家庭教师到家里为女儿上课。聪明的她学什么懂什么,而且特别有悟性。中国传统的《三字经》《神童诗》《女儿经》等都能背得滚瓜烂熟。除此之外,她还学绘画、学书法。她在一位洋人钢琴老师的调教下还能弹得一手好钢琴。亲朋好友到她家做礼拜时,露毕·马勒会充当琴师,弹奏优美、庄重的《赞美诗》里的乐曲。她在亲朋好友的心目中是一个漂亮而又多才多艺的姑娘。

露毕·马勒还有一个爱好就是看书,特别爱看世界各国的童话书,并且都能讲出每一个故事的情节,特别是《格林童话》中的"白雪公主""灰姑娘",《一千零一夜》中的"辛伯达航海历险记"及"阿拉丁神灯"等故事,露毕·马勒对这些童话印象最深,她时常沉浸在故事的梦幻之中。

1926年8月16日是露毕·马勒的十二岁生日。生日前一天,爱立克·马勒叫女儿许个愿,也就是问女儿想要什么生日礼物。露毕明白了父亲的一片心意,但一时不知想要什么礼物。晚上,露毕睡在床上想着明天自己生日需要什么礼物。可怎么也想不出自己到底喜欢什么样的礼物。是书?是玩具?是宠物狗?还是……想着想着她进入梦乡。梦中一个奇妙可爱的东西在露毕的脑海中浮现:一幢似船的漂亮别墅在云彩中出现,别墅飞檐翘角,造型别致,风格奇特,似城堡、如仙阁;别墅内有舷梯,有走道,有船栏,有船舱,有包房;房内墙上有各种花纹图案,有西欧图案、中东阿拉伯图案,更有中国图案……

第二天早上,爱立克·马勒与妻子伊莎丽到女儿露毕的闺房中询问她要什么生日礼物时,露毕就把熟睡时梦到的事告诉了父母。当爱立克听完女儿讲述梦见别墅的故事后哈哈大笑。他心里想:也许这就是女儿最想要的生日礼物?这是上帝让我们赐别墅给女儿?既然是女儿露毕喜欢的梦中的别墅,那就作为生日礼物送给女儿,这是上帝的旨意,不能让女儿失望。也许女儿住进梦中的别墅,身体会变好变健康呢。

爱立克与妻子于是就毫不犹豫地决定为女儿造一幢她梦中的别墅。爱立

⊙ 梦幻空间

克让女儿露毕把梦见的别墅画在纸上,再根据露毕所画的别墅样子请设计师按样设计。从小就学画画的露毕花了整整一个月的时间画出了她梦中见到的别墅样子,还画出别墅内部的各种房间的式样、墙面图案等,共画了三十多幅图,而且画得精美、有特色、有创意。爱立克看后连连点头称好。

⊙女儿梦幻中的美丽世界

别墅：送给爱女的生日礼物

都说世界上最伟大的爱是母爱，因为母爱最无私。然而，生活中的父爱同样也是非常伟大与无私的。爱立克·马勒就是这样一个充满爱心的父亲。他要把女儿睡梦中的"仙阁"变成现实，当作生日礼物送给女儿。

1926年中秋，爱立克为了还女儿一个心愿，决定在原先买下的现陕西南路延安中路这一交汇处的风水宝地上盖一幢别墅。他邀请了多位建筑设计师根据女儿露毕讲述和所画的梦中"仙阁"设计图纸并进行施工。整个工程历时十年，于1936年春完工，取名马勒别墅。

新建成的马勒别墅漂亮别致，风格迥异，如奇花异葩，似瑶池仙阁，充满着艺术的创意感。别墅富有北欧挪威建筑的风情，同时更蕴含着世界综合文化与艺术的经典之美。

马勒别墅占地面积为五千二百多平方米，主层建筑面积为二千四百多平方米，其中门房、车库、用人房、花房、厨房等建筑面积为五百七十二平方米，花园占地面积为二千二百多平方米。别墅的主楼为三层，立面凹凸多变，层顶陡峭。顶部矗立着高低不一的两个四坡顶。东侧的坡屋顶高近二十米，上面有尖顶凸窗，尖顶和凸窗上部均有浮雕装饰物。西侧的坡屋顶高约二十五米，屋顶陡直，塔坡四面筑有凸窗，塔坡材料采用特殊的青铅瓦。这一建筑具有典型的北欧挪威建筑风格。马勒别墅主楼南楼立面上还有三个垂直于主屋脊且造型优美、装饰精细的双坡屋顶和四个尖顶凸窗，外墙用泰山砖砌贴，突出的平台栏杆砖柱上设置了一个个绿色圆球，屋顶上还耸立着多个壁炉烟囱，连同东西两座四坡屋顶交织在一起，宛如一座华丽的小宫殿。中间双坡顶的装饰木质构件清晰外露，构件间抹白灰缝条，典型地体现了斯堪的纳维亚情调的乡村建筑风格。

主楼各层平面布置很复杂，底层沿着台阶入门后便是小门厅，里面是一个宽敞明亮的大客厅，迎面是塔什干柱和圆拱。主楼梯布置在平面的中央，十分显眼。原设计楼梯口朝入口大门，后来改在侧面，呈十字形楼梯连接各楼层平台，忽上忽下，四通八达。楼梯间的护壁、栏杆和扶手均雕刻着精美的图案，有的是用木板镶拼的图案。门厅东边是个宽敞的舞厅兼绘画室，穿过舞厅可到达桌球房、棋牌室和餐厅。朝东是一条贯通的走道，尽端是一间颇大的办公室，墙上壁龛上有放猎枪的枪架和外装小扇门暗藏保险箱的壁柜。厨房、锅炉房、储藏室等设在底层的西南角。二、三层是起居室、卧室，室内均装有护墙裙板。这座楼房共有各种大小房间一百零六间，私密性好，充满神秘气氛。

室内装饰豪华，到处是木护壁、木平顶，并用木板镶拼各种图案，精致耐看。木地板依据各个房间的特点镶拼各种图案，犹如一块块编织的地毯。室内普遍使用圆线条，气窗、窗套、门套、平顶墙角等均是圆拱形。每层楼口均设有采光天窗。主楼梯间圆形天窗是装有彩色玻璃的穹顶，阳光透过玻璃穹顶在室内呈现出斑斓柔和的色彩，即使阴天室内也是一片通亮。通往卧室的走廊上端有个椭圆形围栏,围栏上空是两个八角形玻璃穹顶,阳光下能透进柔和的迷人光线。卫生间墙面贴的是英国进口的马赛克瓷砖,使用法国进口的洁具。

花园设在主楼南面,花园四周用彩色花砖铺地,并植有香樟、雪松等名贵花木,中间是一片草坪。大草坪一角有一个青铜马像和大理石的"马冢"。远处还有池塘。另置有花房,内有暖气,地上铺有瓷砖。花园四周有高围墙,用泰山砖砌贴,以中国黄、绿色琉璃瓦压顶,富丽堂皇,很有气派。

马勒别墅的外形虽是北欧挪威格调,但花园和楼内装修的很多细节部分却颇有中国味道,大门口就像中国传统的豪门大宅一样,蹲着两只石狮子,很有我们中国文化的特色。

马勒别墅漂亮别致,美如仙阁。这是父亲爱立克·马勒送给爱女露毕·马勒的生日礼物。

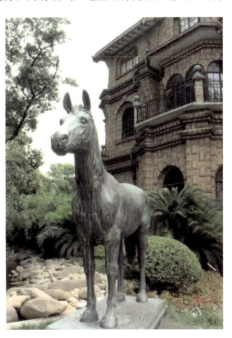

⊙马勒别墅中的白马雕塑

马勒别墅之社交

马勒别墅里的集体婚礼

马勒别墅1936年落成,爱立克·马勒一家同年入住。马勒别墅同时也成了融舞厅、歌厅、电影院为一体的娱乐场所。曾有住在马勒别墅附近的老人这样回忆道:自从马勒一家入住后,时常能看到他家大门口有轿车进进出出,特别是晚上,花园内不时传出优美的歌声或是舞曲。马勒别墅内充满了欢声笑语,成为一部分人的俱乐部。由于不少华洋青年选择在马勒

⊙马勒别墅里的新人们

别墅内举行婚礼,马勒别墅又成了青年男女举办婚礼的神圣殿堂。

爱立克·马勒是一个虔诚的基督徒。他喜欢做好事、善事,更乐于为他人办喜事。他虽然平时话语不多,但非常热心,爱帮别人的忙。

1936年春,爱立克·马勒全家搬入别墅,而他的那些亲朋好友为了向他表示乔迁之喜纷纷上门道贺。亲朋好友见别墅既漂亮又宽敞,各种功能齐全,有餐厅、舞厅、大客厅、停车库、停车场及花园……绝对可以称得上是一家高档俱乐部,便有人对马勒说,希望在别墅里搞几次婚礼,这样可以给新屋带来喜气和热闹。马勒二话不说,一口答应。

1935年全国掀起了一场新生活运动。当时的上海市政府为了响应这一运动,倡导举办新式婚礼——集体婚礼,由政府或其他公益机构出面为青年新婚夫妇举办,目的是革除铺张浪费的旧式婚俗。这是公益性的行为,因而深受当时社会青年男女的欢迎。到了1936年参加集体婚礼在上海成了一种时尚,更成了人们所追随的一种新潮流。当时不少青年男女想报名参加集体婚礼,因名额有限而未能如愿,使许多人深感遗憾。好心的马勒得知这一情况后,就决定在自己的别墅里举办几场集体婚礼。

这年6月中旬的一个礼拜天下午,由上海英侨基督教教会发起和组织的集体婚礼在马勒别墅隆重举行,共有十五对在沪的洋人情侣参加。婚礼在马勒别墅大花园的草坪上举行。草坪上铺着一条长长的红地毯,两侧摆放着一盆盆鲜艳夺目的花。花园的树枝上也扎着一朵朵各种各样的鲜花。婚礼的前台是一扇大大的用鲜花制成的拱门。拱门上用英语写着喜庆的话语。婚礼台上铺着一层洁白的台布,上面放着一个三层的特制大蛋糕。蛋糕的上层插着一束鲜花。婚礼台的右侧放着两大瓶法国红葡萄酒。酒瓶旁是一座用酒杯叠起的"杯子山"。婚礼台的四周同样摆满一盆盆艳丽多姿的鲜花。整个婚礼场所喜气、漂亮、大气。

下午1时30分,当司仪宣布婚礼正式开始时,被邀的英侨上海跑马总会的乐队奏起动听悦耳和充满欢乐的婚礼进行曲,乐曲随着和煦的轻风向

⊙洋人的集体婚礼

着花园外飘传,把喜气带给路人。

一对对身穿黑色西装的新郎和洁白婚纱的新娘在婚礼进行曲中携手缓缓地走在红地毯上,每一对新人后面都有一男一女两个小傧相,拉着新娘长长的婚纱裙摆,而红地毯两旁是十几个十一二岁的小姑娘。她们一手提着装满花瓣的花篮,一手抓着花瓣不停地向新郎新娘撒去。新郎新娘的礼服上全沾着花瓣,犹如一个个移动的花人。

参加婚礼的亲朋好友站在地毯两侧,人人面带微笑,随着乐曲有节奏地鼓着掌。他们是怀着真心实意与无比喜悦的心情来参加集体婚礼的。

这是一场基督徒的集体婚礼,故请了牧师来完成这场带有宗教仪式的婚礼。爱立克·马勒作为德高望重的教会重量级人物及东道主,也成了这次婚礼中的证婚人。

马勒为英侨举办集体婚礼,在当时上海的英侨中赢得了很好的声誉。此后,马勒又为上海的基督徒和非基督徒华人举办了多场集体婚礼,博得不少上海人对他的赞美。

在马勒别墅的舞会中寻找到爱情

20世纪30年代是上海"欧风美雨"最盛行的年代。上海的青年男女在自己的婚姻大事方面崇尚恋爱自由,婚姻自由。但受传统封建思想束缚的中国长辈并不希望子女接受西化思想,在婚姻大事上自作主张,总希望子女严格按老规矩在"媒妁之言,父母之命"下完成婚姻大事,从而使不少青年男女发生了爱情悲剧。爱立克·马勒非常崇尚男女恋爱与婚姻的自由,基督教也提倡男女自由恋爱,反对中国传统的包办婚姻。

爱立克·马勒为了能让崇尚自由恋爱的华洋男女青年有机会接触并寻找到各自心目中的另一半,时常举办各种舞会,如生日舞会、婚庆舞会、纳凉舞会、迎春舞会、圣诞舞会等。马勒还把教会中的每星期小组活动固定安排在他家的别墅舞厅里进行,活动结束后就开派对,因此很受人们的欢迎。教会中的其他人员也都喜欢到马勒家参加活动。爱立克·马勒在自己的别墅里时常举办各种舞会并非为赚钱,反而还要自己贴钱。他这样做的目的是让已到婚龄的男女通过舞会有机会接触到各自喜欢的人选。

来听听一位从马勒别墅舞会中寻找到自己心目中"白马王子"的李姓

女老师讲述动人的爱情故事。

李老师生于1914年，1936年大学毕业后在上海的一所女子中学任英语老师。她是一名虔诚的基督教信徒。李老师在读大学时因人长得漂亮文静，有不少男同学追求她，并向她求婚。由于当时李老师没有考虑过自己的婚姻之事，故错过几次好机会，等她明白过来时那些追求她的优秀男同学已经成家。为此，李老师也后悔过，父母也责怪过她，但一切为时已晚。此后李老师在亲朋好友的介绍下见过几个男士，但都不如意而未能成功。就这样一年一年过去了，李老师转眼到了二十六岁，成了嫁不出去的老姑娘，父母为此非常焦急，她自己心里也急。一天上午，李老师到教堂去做礼拜，碰到一个大学时的外籍女同学。对方一见到李老师非常兴奋，一定要请李老师到南京路上的西餐馆就餐。老同学见面总免不了要问些个人的婚姻之事。当外籍女同学听说李老师还没有成家仍独身时，就说起了马勒别墅里的"相亲舞会"，希望李老师去参加舞会，从中寻找到另一半。

一个星期后，外籍女同学带李老师来到马勒别墅参加舞会。当她把李老师介绍给爱立克和其他参加

⊙马勒别墅中的舞会

⊙优雅的舞姿

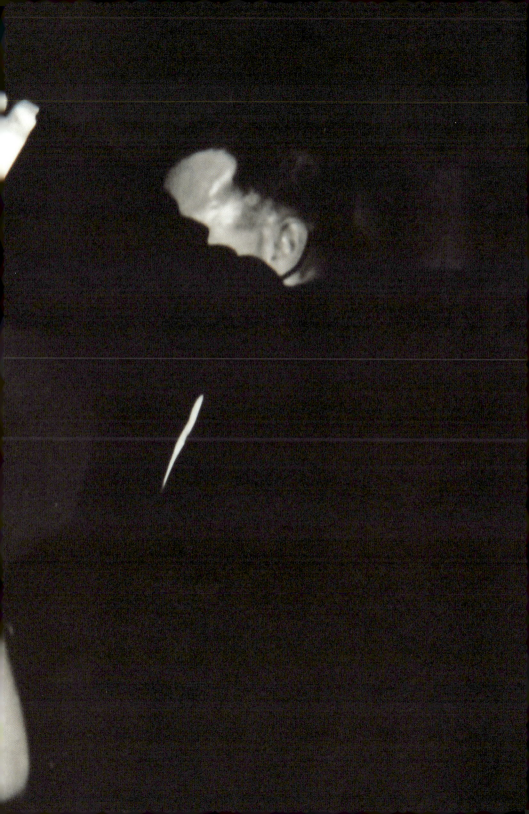

舞会的朋友时，受到了他们热烈的鼓掌欢迎。

舞会上，李老师频频被那些彬彬有礼、风度翩翩的华洋男士邀请跳舞，使李老师深感激动和兴奋，同时又感受到在这里参加舞会的男士都很有绅士气质，人品好、素质高。她爱上了马勒别墅的舞会，爱上了这里的人和气氛。

此后，李老师成了马勒别墅舞会的参与者。她通过马勒别墅舞会这个"相亲舞台"，终于寻找到了意中人，一位在教会医院当外科主任医生的英俊男士。经过一段时间的深入了解和相处，彼此深感情投意合、爱好一致、心灵相通。最后李老师与那位英俊的教会医院外科主任医生走上了红地毯，喜结良缘。

婚后，李老师夫妇俩生活甜甜蜜蜜，其乐融融，还生下了一对龙凤胎儿女，使家庭生活更充满欢快。

饮水思源，每当李老师看到一家人幸幸福福、快快乐乐生活在一起，总忘不了爱立克·马勒和马勒别墅的"相亲舞会"。

20 世纪 80 年代初，曾有一位同马勒关系亲近的上海"老克勒"这样对人说，马勒别墅内的"相亲舞会"使不少男女寻找到了真正的爱情，爱立克·马勒是一位真正的"红娘"，一位有爱心的"红娘"。

明星与名人在马勒别墅留下身影

马勒别墅里曾留下不少名人的足迹和一些重量级人物的身影。这是因为马勒别墅的漂亮、奇特引起了当时上海不同阶层人士的注意,所以他们把进入马勒别墅视为一种"探秘"。

1936年建成后,马勒别墅犹如百花丛中一朵美丽的鲜花绽放在上海这座东方大都市里,许多人仰视它,希望能进入一睹为快。当时的一些电影公司喜欢把马勒别墅作为电影的拍摄地,纷纷来别墅取景拍摄。日长时久,电影明星也同马勒别墅的主人建立起良好的私人关系,再加上爱立克·马勒的女儿露毕·马勒是一个电影迷和明星迷,在同明星们的接触中与他们成了好朋友。

一位曾经在马勒企业高层中就职的长者在20世纪80年代从香港回上海时特地去马勒别墅外围看看。长者对陪同他的亲人这样说:"马勒别墅建造落成后,在上海很吸引市民的关注,时常能看到明星们在此拍外景和内景,爱立克·马勒的女儿露毕·马勒同一些当时非常红的男女明星结交成了好朋友,每当马勒别墅里举行舞会,露毕·马勒都会邀请当时的一些男

⊙在马勒别墅中拍摄电影

女电影明星跳舞。当时常去马勒别墅跳舞的电影明星有胡蝶、周璇、黎莉莉、徐来、陈云裳、谈瑛、高占非、金焰等。从1936年至1941年12月的五年中,马勒别墅里留下了当时许多红极一时的电影明星的足迹。"

2007年春,王开照相馆老板的侄子王振环——一位年近百岁的王开老摄影师,在采访中曾这样说:"当时马勒别墅在上海很有名,许多电影明星常去那里参加各种舞会,我曾多次为电影明星们拍过舞会现场照片,胡蝶、陈云裳、黎莉莉、王人美、叶秋心我都为她们拍过,胡蝶很会跳舞,陈云裳个子虽然不高,但长得很漂亮,舞跳得很灵活,很优美。马勒的女儿同电影明星的关系都非常好,因而才会在一起跳舞。"

⊙胡蝶

⊙黎莉莉

⊙周璇

有一位曾经在马勒别墅工作过的老人，对后来马勒别墅饭店工作的管理者讲述，宋美龄在1947年4月的一天晚上，慕名来马勒别墅跳过一场舞。马勒别墅在太平洋战争爆发后被日本侵略军占有，作为日本特务上海站办公地，抗日战争胜利后被中统作为办公地，此后变为"三青团"上海站办公地。宋美龄以看望"三青团"上海站办公人员之名来到马勒别墅。了解和深知宋美龄喜欢跳舞的蒋经国特别在马勒别墅的舞厅里举办了一场小型的"家庭舞会"。

在那次舞会上，宋美龄跳得非常高兴和尽兴，虽说那时的宋美龄已五十岁，但她那高雅富贵的气质、漂亮端庄的打扮及轻盈优美的舞步使她依然成为舞会中最夺人眼球的舞会皇后。跳完舞后，宋美龄与周围的人谈笑风生，不时地夸马勒别墅舞厅环境优美、漂亮及有特色，临别时很有一种意犹未尽之感。

还有一位曾经在当时上海市政府工作的老人在一次被询访中说起1948年5月和1949年春的两件事。时任副总统与代总统的李宗仁两次到上海巡视都被秘密安排在马勒别墅，传说他非常喜欢居住在马勒别墅，对马勒别墅情有独钟。

马勒别墅里留下苦恋

马勒别墅里演绎出的"爱情故事"几乎都是优美动人的,因为参加"相亲舞会"的独身男女通过舞会寻找到了如意郎君和心仪佳丽,最后双双结为夫妻,过上了甜蜜生活,所以马勒别墅留下的大都是"爱情喜剧片"。

马勒别墅里也曾留下了一部"苦恋片"。那是1941年12月初的一个星期日晚上,有一个出身大户人家的沈姓小姐被一个教会的朋友邀请到马勒别墅参加"相亲舞会"。此时的沈小姐刚刚大学毕业,时年二十二岁,人长得漂亮、清秀,气质高雅,打扮入时,她也希望能多接触社会,多交一些朋友。

当汽车驶入黑色的马勒别墅大门时,映入沈小姐眼帘的是别墅美丽奇特的外形,她情不自禁地连连赞叹。然而,当朋友把沈小姐带入别墅内时,她不由得惊呆了,仿佛走进童话世界。在走过长长短短的楼梯后,她被带进舞厅。舞厅大而华丽,古老的希腊吊灯下垂着,闪着金黄色的光。地板很精细,它的光泽就像是刚喷过油漆。四周是黑色锃亮的皮沙发。参加舞会的男士们一律是黑色的礼服,小姐则是优雅的晚礼服。

○马勒别墅里的社交活动

舞会开始了,漂亮的沈小姐因为舞姿优美而频频被人邀入舞池。当她兴奋得快喘不过气来时,蓦然回首,发现壁炉旁倚着一个俊美的欧洲青年男子,手里擎着酒杯,深陷的双眼正热烈地注视着她。沈小姐脸一热,便又回到了座位,垂下了头。她不敢再看他,但此时她的心跳得很快。然而没过多久,那位大胆、大方的洋人男子已走到沈小姐跟前,彬彬有礼地请她跳舞。她虽有迟疑,但脚却跟着男子走了。此后他俩又跳了几圈舞,虽然那男子并不怎么说话,但他那双炽热的眼睛让沈小姐心跳耳热,内心激动。

时间很快就过去了,酒精与兴奋使沈小姐的头晕了,她想找个地方休息一下,静一静心,于是便悄悄地溜出了舞厅。走过几个楼梯后,沈小姐发觉自己完全没有了方向,这里真的是个迷宫。她不知道该往哪里走,万般无奈中,也不多作思考,便躲进一个小屋,躺倒在沙发上。

舞厅的喧闹渐渐地远去,她梦到了一个英俊漂亮的小伙子追着她跳舞,向她献花,向她求婚。丘比特的爱箭直向她射来,她在睡梦中笑出了声⋯⋯

当沈小姐醒来时,发觉自己的身上已盖上一块厚厚的毯子,而那位频邀她跳舞的男士正坐在她边上,看来他已经在这里守了很长时间了。那位男士朝沈小姐微微地笑了笑,说道:"小姐,你总算醒了,你睡得好香啊。"说完退出了房间。沈小姐望着那位男士离去的背影,猛然感到梦中见到的那个英俊漂亮的小伙子就应该是他。

当沈小姐从房中走到别墅的大门时,那位男士已把轿车停在了大门口。他见了沈小姐就打开车门让她上车,他要送沈小姐回家,同时告诉沈小姐他的名字叫杰克。

沈小姐坐上杰克的车后心情很激动。她从内心喜欢他,她对他有一见钟情之感,希望能同杰克继续交往下去。

杰克专心地开着车,他没有同沈小姐多说话,只是时不时地看看沈小姐,随后微微一笑。从他那表露出的神情来看,他对她也有一见钟

⊙男女间的问候

情之感。

　　车很快开到了沈小姐的家，临别时杰克大胆地对沈小姐说他喜欢上了她，希望沈小姐能同他交往下去。他把联系电话与单位地址给了沈小姐，同时也向沈小姐要了联系电话。双方交换完联系方式后，杰克亲吻了一下沈小姐，并约好下个礼拜再在马勒别墅的舞会上见面。

　　第二天，沈小姐就收到了杰克托人送来的鲜花，花内有一张卡片，上面写着甜蜜的文字："沈，我从见到你的那一刻起，就暗暗地爱上你，我们

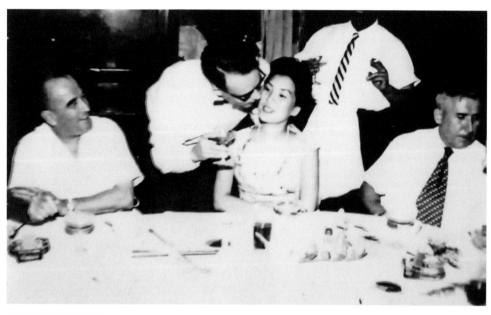

⊙在别墅里恋人说悄悄话

都是信上帝的人，做事说话讲究真诚，我会爱你一辈子直到海枯石烂，企盼下一个礼拜天晚上在马勒别墅的舞会上见到你。"

然而，几天后太平洋战争爆发，日本人占领了租界，作为日本敌对国的英美，在沪侨民一律被日本侵略军押送到浦东集中营，马勒别墅变成了日本特务机关的秘密办公处。就这样沈小姐再也没有见到洋小伙杰克。为此沈小姐很是伤感失落，时常想着杰克，每逢礼拜天，她都会去马勒别墅，看看杰克是否在那里等着她。但是她再也没有看到他。她曾按地址去杰克工作的洋行找他，洋行已被日本人占有，所有英国侨民都被日本人抓走了。

就这样，多情的沈小姐一直思念和苦恋着那一见钟情的心爱之人——杰克。

此外，让沈小姐一辈子难忘的就是马勒别墅。它带给了她既美好又伤感的永久回忆。

马勒别墅之神秘

马勒别墅中的种种神秘

马勒别墅从建成那天起,除了给人一种漂亮、别致、新奇的感觉之外,还有一种挥之不去的神秘感。多年来,无论是建筑学家、历史学家,还是雕刻家、艺术家、文学家、诗人等,都想探究马勒别墅的秘密。

马勒别墅的屋顶,都是大斜坡与小斜坡相连在一起,屋顶斜坡坡度大,而且是一个大斜坡连着一个个小斜坡。这样的设计科学合理,且又有立体的美感,充满北欧建筑文化的元素。其实,爱立克·马勒在建造这幢别墅时特别注入了他家族的生存元素——水。马勒家族世代与水打交道,最终家族产业扩大靠的就是"水",即航运和造船。因而就把别墅的屋顶建成斜坡式,远看如同起伏的波浪。而别墅屋顶斜坡中的大小尖顶,犹如大小轮船的桅杆,寓意着马勒家族从创业、生存到今后的发展永远同"水"与"船"联系在一起。

马勒别墅的建筑风格是典型的北欧风格,特别是别墅屋顶上的两座挪威式尖塔和哥特式尖塔特别醒目,而尖塔的墙体表面都覆盖着绿色的中国琉璃瓦。这种西式的尖塔、中式的墙面,看似不协调,有一种"洋"与"中"的

⊙别墅主人老马勒同中国员工合影

混杂感，但对爱立克·马勒来说这是一种"中西融合""华洋结合"，表明他虽然是一个与华人长相不同的洋人，但是却生长在中国，他的生活与事业都与中国息息相关。

马勒别墅内的构造犹如一艘大轮船的内部结构，楼梯极多，拐弯抹角，上上下下，大小不一，长短不一，四通八达，即使是在同一层楼面的房间，如要想互相走动时，也必须要从忽上忽下的楼梯中走过方能到达同一楼面的另一房间。如果一个初入者进入里面后再想要原路返回，那显然是很困难的。初入者往往都会有一种进入迷宫的感觉。马勒为什么要在别墅内设计那么多的楼梯呢？因为马勒家族都是靠航运吃饭，早期北欧等地海盗猖獗，为了在海盗上船抢劫时便于打击或逃生，船体内部都有用于逃生的楼梯与通道。爱立克·马勒是一个行事小心的商人，在设计别墅内部时特别注重增加逃生楼梯与通道，为了万无一失。

马勒别墅内的楼梯扶手、栏杆，房内护墙板、木门、门框等都雕刻有各种各样的图案与花浪。大小不一的房间，大小不同的门框，高低不一的护墙板等，上面都有风格迥异的精致雕刻物：有的像海草，有的像飞禽，有的像波浪，有的更像是一幅描绘远古时期的抽象画，使人看了浮想联翩。然而，在这些奇花异草似的雕刻物中，还有一些如莲花、十字心等带有各类原始宗教色彩标记与符号的图案，使人看了又会产生一种发自肺腑的惊叹——太高深莫测了。爱立克·马勒把各种文化元素注入别墅中，表明他能与不同文化背景的民族和不同宗教信仰的人和平相处，也反映出他是一个见多识广、知识渊博的商人。

旧时中国大户人家的大门口都放置一对威武凶猛的大石狮，其意是镇宅避邪，保一家人平安无事。深谙中国文化的爱立克·马勒也在他的马勒别墅大门口放置了一对大石狮。但这对石狮子与中国传统的石狮子有不同之处：中国的石狮子是阔鼻宽口，而且嘴里都含有一颗圆石珠，鬃毛鬈曲，很是威风凛凛；而马勒别墅门前的石狮子却是长着一个高高的鼻子，嘴巴

◎ 童话般的马勒别墅

⊙ 马勒别墅门前的石狮子

平长,嘴唇微薄,狮脸两侧没有毛,一看便知这不是中国传统的石狮子,而是带有"混血"的"华洋石狮子"。马勒为什么要在别墅大门口按中国人的习惯放置大石狮子,还要放置"混血"的石狮子呢?也许作为一位洋人,他觉得用"华洋混血"的石狮守护家园,就能镇住那些来自"华洋"的邪气。

　　爱立克·马勒真是想法多,这也是马勒别墅神秘之处。

花园马冢内的神秘石匣子

在20世纪60年代,有一个曾在马勒别墅干过活的老员工这样说,爱立克·马勒是一个寡言少语之人,但又是一个和蔼可亲、善良重感情的人,他做什么事都很有思路和想法,喜欢做一些别人想不到的事,有人说他别出心裁。他专为帮他们家族挣得百万多英镑的白鬃马在花园内筑了一个马冢,把白鬃马的骸骨埋在冢内。还听说日本人侵占租界后,爱立克·马勒把许多贵重物品藏在了花园内。由此,又给人留下了种种神秘感。

上海文物馆曾根据马勒老员工的讲述,从保护文物的角度出发,对马勒别墅的花园进行了勘察、分析和判断,对基本确定的"文物位置"进行了挖掘,想寻找到宝贝。

那是1966年初夏,文物考古专家带着挖掘人员进驻马勒别墅。挖掘人员根据考古专家用白粉划定的方位开始动土。首先是对马冢进行了挖掘。一锹一锹地挖着,一筐又一筐的泥土被抬走。挖啊,掘啊,看啊,量啊,当挖到两米深度左右时,一个挖土工作人员在用力时铁锹碰上了硬物挖不下去了,便情不自禁地大喊道:"下面有硬东西,你们快来看看。"

众人一听坑下有东西，个个都来了精神，纷纷拿起铁锹把硬东西上面的土清除掉。约一个半小时后，土坑下面的硬东西露出了全貌。那是一块方形石头，长宽各五十厘米，厚度也五十厘米。众人见了这块"石头"后都感到有些纳闷，花了九牛二虎之力挖掘出的竟然是一块石头，真是令人大失所望。但不管怎么样既然已经挖到了东西，也总要看看它的真实面貌，哪怕是一块无用的废石头也是不能弃而不看，否则就白费力了。再说爱立克·马勒为什么要把石头埋在马冢里？

文物考古人员把"石头"抬上地面。他们在清理干净"石头"的外表后，看清了这块"石头"的真实面貌。它是一个制作精细的石匣子。这下众人都兴奋了起来，小心翼翼地把石匣子抬移到别墅内一间办公室的办公桌上。考古专家们小心地将石匣子接缝处的白蜡用刀刮去，随后屏住气息、瞪大眼睛看着石匣子被打开，希望看到"稀世之珍"。

专家轻轻地、缓缓地开启石匣子，神秘的珍宝就要出现在人们眼前了，仿佛房间里的空气都凝固了，没有一个人喘大气，没有一个人眨眼睛，生怕在一吸气一眨眼的瞬间错过了看珍宝的最佳时机。

千载难逢、先睹为快，这是所有在场人员此时的心情。石匣子在所有在场人员无声的千呼万唤中打开了。然而出现在人们眼前的是匣子里一只用白蜡封住的黑色铁盒子，而不是马的遗骸。那么铁盒子里又是什么珍宝呢？众人都面面相觑，有一点可以肯定，那里面绝对不会是马的遗骸。爱立克·马勒为什么在石匣子里放一个黑铁盒？铁盒里的神秘物会是什么？会不会是空铁盒？这些疑问在众人心里涌动，也更加让人产生一种不可名状的神秘感。

专家又对铁盒进行了去蜡"手术",把一层封住铁盒的白蜡刮掉,然后再次小心地打开铁盒盖……

铁盒盖打开了,只见盒内有一张已经泛黄的折叠整齐的报纸。专家轻轻地把报纸取出,原来是一张19世纪上海最早的英文报纸——《字林西报》。除此之外别无他物。

然而,使人感到不解的是,爱立克·马勒为什么要在马冢里埋一个石匣子,匣子里再放一个铁盒,铁盒里却放一张报纸。这是为了什么?又能说明什么?

也许只有爱立克·马勒一个人知道其中的奥秘。而对一些好奇之人来说,它又增添了马勒别墅的神秘感。

⊙铁盒里存放了一张英文报纸

墙体保险箱内的神秘之物

在马勒别墅里隐藏着很多的秘密，这让人感到新鲜和好奇。在爱立克·马勒为女儿建造这幢别墅时，他就把自己的秘密隐藏在了别墅之中。他在别墅的墙体内或明或暗地藏有许多大大小小的保险箱，但从不使用那些保险箱。而保险箱里有没有放东西更是无人知晓了。如果有东西他又会放些什么东西呢？是钱？是珍宝？还是……

20世纪70年代初的一个夏天，上海下了一场长时间的大暴雨，马勒别墅屋顶的一处排水管被树叶堵塞而导致一间房间浸水。天晴后房管人员来维修浸水的房间。当维修人员在房间内撬开因浸水而变质的护墙板时，突然发现墙内还有一扇门，不由得好奇起来。维修人员马上打开门一看，里面是一个并不大的壁柜，柜内放着一个绿色的保险箱，除此之外就没有什么其他东西了。

墙体的隐蔽处发现一个保险箱，这在当时那个"以阶级斗争为纲"的年代里，真是一石激起千层浪。房屋维修人员马上向单位领导汇报，单位

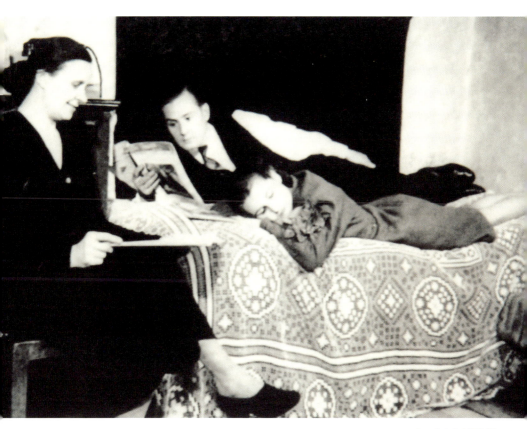
⊙一家人的幸福生活

领导亲自来到维修现场,在确定事情属实后马上与当地的派出所联系。

不一会儿,派出所的几位民警骑着自行车来到马勒别墅,他们神情严肃,精神高度紧张,有一种如临大敌之感。民警们见了墙体内的保险箱之后,第一反应不是保险箱内有没有钱或金银饰品,而是这个保险箱里会不会存放着什么爆炸物,因为太平洋战争爆发、日本人侵占租界后,马勒别墅曾经被日本特务机关当作秘密办公处,抗战胜利后马勒别墅又被国民党中统接管并在此进行特务活动,此后又变成国民党"三青团"上海市团部办公地,所以当时民警们担心保险箱内是否会存放炸弹也是正常之事。特别是日本特务在他们即将被消灭之前,往往不甘心失败和灭亡而做最后挣扎,采用隐蔽的恶毒手段在他们办公的场所埋下炸弹,把死亡留给别人,这类事情在中华人民共和国成立后的全国不少地方发生过。

为了做到万无一失,派出所民警没有马上搬动保险箱,而是先让无关人员离开现场。随后他们经过一番分析与研究,决定把情况向区公安分局汇报。区公安分局的人员到场后也进行了一番勘察,同样出于对建筑物与人员的安全考虑决定向市公安局汇报,并要求派防爆人员到场"排险"。

市公安局方面同样出于保护人员和建筑物的安全,为以防万一和慎重起见,派出了两名防爆人员来到现场。两位防爆人员通过仪器测定之后,排除了保险箱里有炸弹的可能性,所有在场的人悬着的心总算落地了。

众人把保险箱从墙柜里抬出来放在地板上,并请来公安方面的开锁高手,约半个小时后,那神秘的保险箱终于被打开了。只见里面有一样东西被一层层的白布包着。民警轻轻地用手把它取出来,随后放在桌上。那东西像饭盒大小,没有多少分量,但手摸上去却是硬邦邦的。那白布包住的究竟是什么物品呢？众人都带着好奇的心情迫不及待地想看这神秘之物。

民警开始动手了。只见他非常小心地把裹住物体的白布一层层地剥去……

当民警把白布剥尽之后，人们期待已久的东西终于露出了尊容。那被白布所包住的物品原来是一匹很普通的无锡产的石膏白马，根本不值钱。在场的人无不摇头叹息，火一样的心仿佛一下掉进了冰窖，深感失望。

爱立克·马勒为什么要把石膏白马放进隐蔽墙体的保险箱里？这是马勒家族对白马给他们带来财运的一种感恩吗？

别墅内的神秘谜底仍未解开

马勒别墅从1926年设计、建造及落成至今已有近百年的历史。在这段兴衰浮沉的风雨岁月里，别墅的主人爱立克·马勒把许多的神秘都隐藏在里面。那么马勒别墅里究竟有多少神秘之事？这只有别墅的主人爱立克·马勒自己知道，非马勒家族人员很难解开马勒别墅里的谜底。爱立克·马勒早已驾鹤西去，其爱女露毕·马勒也不知今在何处。

目前我们知道，马勒别墅里仍然有这样一些谜未被解开。

一、爱立克·马勒在设计建造这幢别墅过程中到底设置了多少个隐蔽的墙柜，柜内放了多少只保险箱，而保险箱内又藏了什么贵重之物，他为什么要这样神秘行事，其意何在？

二、太平洋战争爆发，日本人占领公共租界后，爱立克·马勒在几个夜晚里一直带人在花园里挖坑埋藏东西，那么他在花园里埋了什么东西，曾有用人说爱立克·马勒把全部的金银饰品埋入了地下，那么这些东西如今还在花园里吗？

三、今天马勒别墅的墙壁内仍然放置着多个一直未被打开过的保险箱，那保险箱里面会不会有物品，或者说会不会有贵重的金银财宝？又或者说保险箱里空无一物，纯属别墅主人给后人留下的玩笑？

四、20世纪60年代中期，在此办公的某部门工作人员，在打扫房间卫生移动大柜时，发现墙上有一扇门，打开门发现里面有一只保险箱，出于好奇请锁匠打开，里面除了一封信外，什么东西也没有。

五、20世纪60年代初，有一个长得富贵、高雅，年约四十岁的外国女士来到马勒别墅，她向有关办公的领导提出无偿为马勒别墅做装饰，在当时的政治环境下这种事情显然不可能实现。神秘外国女士提出无偿装饰马勒别墅，可以断定她就是露毕·马勒，她肯定是"恋家"而来看看，这毕竟是她梦中的家园。而另一种猜测，她提出为别墅无偿装饰，也许是为了以此来取回她父亲爱立克藏在别墅隐蔽处的重要物品，或家谱、或珍宝、或契约……？

总而言之，马勒别墅从建成至今一直保持着原来的结构与风貌，建筑物没有经过大的改造与翻动，那么别墅里的神秘之处就将一直保存下去，什么时候揭开它的神秘面纱还有待时日。

马勒别墅之当今

考古学者的马勒别墅情怀

在高楼林立的上海大都市，马勒别墅这座建于20世纪20年代中期，落成于20世纪30年代中期的老建筑，以它独特的外观如奇花异卉般一枝独秀，吸引无数人的眼光。

2002年，马勒别墅在保持原有风貌与结构的基础上修缮后，交由上海衡山集团管理，成为其下属的一家超五星级多功能精品酒店，开始对外营业。这在上海乃至全国的同行中引起轰动，各路新闻媒体纷纷作了报道和详细介绍，马勒别墅饭店一下走红上海宾馆饭店业，更吸引了那些有一定品位的文化猎奇者。

2010年5月，北京《中华遗产》杂志社一位姓汤的资深考古学编辑来上海出差。汤先生原先住宿在朋友为他预订的一家高档宾馆里。第二天早上，汤先生外出散步见附近陕西南路上有一幢非常漂亮的建筑，就停住了脚步。那幢建筑就是马勒别墅饭店。对中外建筑文化有一定研究的汤先生被马勒别墅饭店精致与独特的建筑风格深深吸引住了。为了感受和体验这幢别墅的内外美感与风貌，汤先生当即决定把原先住的五星级宾馆客房退

⊙幸福的一家人

掉，改住马勒别墅饭店，而且一住就是一个星期，就连他到苏州采访完毕，都要匆忙赶回马勒别墅饭店。汤先生太想对这家饭店的一切特色与奇异的文化风格研究和考察个透，临退客房的那一天上午，汤先生还特地从商店里买了一台照相机对马勒别墅饭店的内外进行了全方位的拍摄。他想回去后好好研究马勒别墅的建筑文化与建筑特色。

这是汤先生在一个上海朋友面前对马勒别墅的赞美与感慨：乍一见马勒别墅，我就被它独特的造型与漂亮的风格所深深吸引住了，整幢房屋的风格就如仙境与梦幻里的城堡，给人一种无尽的遐想，别墅的主楼大门朝东迎着旭日东升，更给人一种紫气东来之感。

站在别墅门前举目上眺，建筑外观凹凸多变，造型华丽，就像是神话中美丽天国里的宫殿；别墅屋顶上有两座四面锥形的尖塔，傲然指向蓝天，仿佛是要与上苍通话；别墅的顶部非常陡峭，四周是向上的尖形山面，如山峦叠嶂，又像是波浪起伏；东侧的尖塔高近二十米，上面有尖顶凸窗，尖顶和凸窗的上部均有雕塑装饰物；两侧的尖塔高近二十五米，其形状陡直好似两个昼夜不息的守护神，在保护这幢别墅内外的一切平安；别墅的南侧有三个双坡屋顶和四个尖顶凸窗，中间双坡顶的木质构件清晰外露，构件之间抹白灰缝条，富有典型的18世纪北欧斯堪的纳维亚的乡村建筑风格；别墅主楼的外墙面均采用进口彩釉耐火砖铺贴而成，这样使别墅更加牢固和具有美感；别墅凸出的墙体顶端矗立着一个个充满童趣的绿色圆柱和球体，使人置身此中便有一种童年的回忆；别墅的气窗和窗户上部均做成半圆形拱券，连不起眼的烟囱上也开了好几扇拱形窗，这样使别墅在华美庄严中透露出几分生动活泼的风韵；别墅大门上方的雨篷，犹如堆砌的积木，令人赏心悦目，

◎马勒别墅内厅

给人一种美的意境。

马勒别墅拥有一个二千多平方米的中国式园林花园,花园里小桥流水,草木葱郁。花园入口处有一块两亿年的古杏树硅化木,寓意着"幸福亿万年,生活节节高"。花园里除了古树奇石外,还种植了石榴树、枣树、橘树、丝绵木等树种,象征着大吉大利、早生贵子、多子多福和前程似锦。置身花园,令人流连忘返。

汤先生在依依不舍离开马勒别墅饭店时,不忘在留言簿上写下这样一首诗:

> 蓬莱仙阁在天际,马勒别墅在人间。
> 都市楼宇争妍美,一树独秀是马勒。

老船长情思马勒女儿

在马勒别墅里,有着许多传说和鲜为人知的故事。不少亲历者与马勒别墅及主人有着一种特殊的情结与难忘的情怀。

那是2006年的一个除夕之夜,上海这个东方大都市沉浸在一片欢快的节日氛围中。天幕上空焰火辉映,绚丽多姿。

午夜12点,人们迎来了新的一年。喧腾的鞭炮声在辞旧迎新的钟声敲响后逐渐稀疏,大都市又恢复了宁静,人们开始进入甜美的梦乡。然而,静悄悄的马勒别墅饭店大门前一下热闹了起来。只见五辆高档的小轿车驶入饭店大门,车上下来一大帮提着大包小包的人。在这些人中有一位满头白发、脸肤白净、戴着一副金丝边眼镜、手握拐杖的长者特别引人注目。他姓朱,已是九十二岁高龄的老人。

朱老先生用无限感慨的两句诗吐露出他在马勒别墅留下的动人故事:

"往事依稀浑似梦,皆随思绪涌心头。"20世纪30年代末,我在一艘大型的远洋轮船上当轮机长。当时我工作的那艘远洋货轮主要跑英国、东南亚国家,还有香港地区,有时也跑印度航线。远洋轮船回到上海码头后

⊙ 马勒别墅的楼梯

的保养与维修，当时都由爱立克·马勒先生的公司来承接。由于工作上的事情我认识了爱立克·马勒。他是一个非常亲切、善良、热情和好客的人，时常邀我去他家参加舞会，而且每次舞会中招待我们的食品、饮料都是很好的品牌。由此，凡参加过马勒别墅舞会的人都对爱立克·马勒及他的家人留下难忘而深刻的美好印象。马勒别墅里的舞厅不算很大，有二百五十余平方米，有一架黑色的三角钢琴。舞会时爱立克·马勒的女儿露毕·马勒时常会主动为跳舞者弹奏舞曲。她的钢琴弹得很棒，凡参加舞会听过露毕·马勒弹奏钢琴舞曲的人，都会被她的琴声所吸引，夸她是"出色的女钢琴家"。

露毕·马勒对于人们的夸奖从不会沾沾自喜，自命不凡，她总是谦虚地说自己弹得不好，还要努力练习，说完会矜持地莞尔一笑。我比露毕·马勒大三岁，当时的露毕·马勒也已二十二岁了，亭亭玉立，一副丰满成熟的模样。露毕很喜欢和我跳舞，跳舞时她一会儿用上海话，一会儿用英语，一会儿又用"国语"同我交流。她的语言能力很强。她还说看过很多中外名著，特别喜欢《红楼梦》，已看过三遍了，对书中的诗歌尤其喜欢，还能背得出来。由此可见她是一个感情丰富的女子。露毕虽然出身富裕人家，长得也漂亮，但她没有一点大小姐派头，更没有一种盛气凌人的强势作派，说话慢条斯理，嗓音很低，柔和甜美，见人总是彬彬有礼，见熟人亲切地叫一声，见第一次来的陌生客人含笑点头表示欢迎。因而不少男士都暗恋着露毕·马勒，她成了许多人争相抢夺的公主。说心里话我从见到露毕的第一眼起就暗暗喜欢上了她，但我深知她是高不可攀的女子，我家的经济实力不能与她家相比，门不当户不对。

然而，缘分这一说不清道不明的"东西"往往是前世所定，我自感不可能的事情却变得"有可能"。一个星期天的下午，我应邀赴马勒别墅参加舞会，刚踏进马勒别墅二楼，就看到露毕已迎候在楼梯口。她一见我脸上就露出兴奋与激动的微笑，挽起我的手走进舞厅。此时的我内心感到一阵欣喜，浑身的热血开始沸腾起来，仿佛心脏快要从胸口跳出来似的。这是我一生中第一次感到什么是温馨，什么是真正的激动。

舞会开始了，露毕·马勒主动邀我跳舞。她在跳舞时问我有没有女朋友。当我告诉她还没有女朋友时她不信，并说像我这样长得英俊漂亮的小伙子没有女朋友似乎不可能。我就告诉她因在船上工作，时常一年半载漂泊在大海上，故没有碰到好姻缘。露毕·马勒信了我的话。

沉默了一会儿后，我试探性地向露毕问道："露毕小姐，你心目中有没有相中的白马王子？"

露毕朝我微微一笑后摇了摇头，没有说话，但她的双眼却一直看着我的脸，欲言又止。

"那你为什么不寻找男朋友？"我进一步地问道。

"没有寻找到称心如意的人，可能缘分还没有到，所以就……"露毕没有再说下去，随后把话锋一转道："我父亲蛮喜欢你的，也许我们是航运之家的缘故吧。"

"那你喜欢我吗？"我急忙插话问道。

"你说呢？"露毕没有直接回答我的问话，而是有些调皮和揶揄地朝我眨了眨眼。

"我感觉到你和你父亲一样也喜欢我。"我大着胆子说，看露毕有什么反应。

露毕笑了笑没有正面回答，随后又把话锋一转："今天舞会中要进行'寻亲配对'活动，你知道吗？"

"什么'寻亲配对'活动？"我好奇地问。

"就是你在跳舞者中寻找你喜欢的另一方，在纸上写上她的名字，如果双方选择一致，就说明彼此都看中了对方，等下次参加舞会时公布名单，两人从此进入自由恋爱。"露毕向我作了说明。

"那我就选你露毕，也希望你能选我！"我厚着脸皮表露自己对她的爱慕之心。

露毕听了我这话后会心地笑了笑。

舞会休息时进行了"寻亲配对"活动。我在纸上写上了"我爱露毕·马勒"，随后把纸条装进信封放进了一个保险箱里。

露毕·马勒也在纸上写上了她想选择的对象姓名。这是她第一次对异性的选择。

我没有看到"寻亲配对"的结果，因为这次舞会后我又要出海去英国、美国和印度，这一走就是一年多。我不知道露毕·马勒是否选择了我作为她的恋人，但我却时常想念着她，冥冥之中会在睡梦中听到她在呼唤我的名字，更深信她在那次舞会的"寻亲配对"中选择了我。

转眼到了1941年12月中旬，我在海上已漂泊了一年半，总算轮船从印度孟买驶向回国的方向了。此刻的我真是归心似箭，恨不得插翅飞回上海去马勒别墅寻找露毕一起跳舞……一起在花前月下散步……

当远洋轮船在海上航行近一个月到达格雷特海峡做了两天休整和补

给后正准备驶入马六甲海峡时，船长突然接到总部的急电，原来太平洋战争爆发后英美等国已对日宣战，日本开始向南亚各个英美殖民地国家和地区发起进攻，并占领和控制了那些南亚国家及其海域，而我们的远洋轮船属英国公司，被日本视为敌对国的货轮，是绝对的攻击目标。在万般无奈的情况下，轮船只好返回印度孟买。就这样我在异国他乡的印度形单影只地一住就是四年，直到1945年8月日本战败投降后，远洋轮船才从印度孟买驶回上海。而此时所见到的上海已是百业萧条，社会混乱。我去马勒别墅寻找露毕时，那里的一切早已发生了改变。只见大门内停满了军用吉普车和轿车，大门两侧站着几个荷枪实弹的士兵。这里成了国民党中统的办公地，别墅的主人早已不知了去向。我四处打听才得知太平洋战争爆发后，日本军队占领了租界，英国、美国等国籍的侨民都被视为敌国侨民，马勒一家由此被日本人抓走了，马勒别墅成了日本特务活动的一个场所。

　　楼依旧，房依旧，花依旧，树依旧，唯独不见露毕·马勒一家人。我感到无限的忧伤和心酸，时常独自去马勒别墅门口张望与等候，希望能看到露毕·马勒的身影从别墅里出现。然而无数次的张望与等候，却总是失望而归。转眼到了1946年的除夕之夜，我与家人正吃着年夜饭时，外面响起一阵阵鞭炮声。这时我母亲仿佛触景生情地猛然把手中的碗筷往桌上一放，转身走进卧室。不一会她把一封没有拆封的信递给我，并说这是四年前一个除夕之夜，正当一家人在吃年夜饭时，有一个会讲上海话、身穿西式呢大衣的漂亮洋姑娘来找我，在得知我出航还没回家时，显得非常着急，最后她流着泪从衣袋里摸出一封信，让母亲一定要把信交给我。

我一听母亲讲就知道这信是露毕·马勒小姐写给我的。我匆匆忙忙地把饭吃完,然后躲进自己的房间看起信来。

信的内容写得很悲凉,充满了思念和离愁别绪:

朱:

在上次的舞会"寻亲配对"活动中,我知道你选择了我,而我也选择了你,当我把爱情之心托付给你时,你却出海远洋,又杳无音信,如泥牛入海。

我爱你,想你,却不见你归来……

日本人占领租界后抢夺了我家的公司和全部资产,眼下心狠手辣的日本人又下了最后通牒把我们赶出家门,我们失去家园而无家可归……也许我俩再也不可能见面了,也许我将死在日本人的刀枪下……

眼空蓄泪泪空垂,暗洒闲抛却为谁?

尺幅鲛绡劳解赠,叫人焉得不伤悲!

我把这首《红楼梦》中林黛玉写的诗当作我对你的思念吧!

……

岁月过去了近七十载,朱老先生选择在除夕之夜带着儿子和女儿及所有家庭成员下榻马勒别墅饭店是为了回忆往事,重温青年时代在马勒别墅与露毕·马勒跳舞时的那段美好时光。

马勒别墅里难忘的蜜月之旅

人,都对新鲜的事物充满一种好奇的心理。漂亮、别致与神秘的马勒别墅在"尘封"了近七十年之后,以精品饭店的形式对外开放,仅此就给世人带来了一种新鲜感。马勒别墅的神秘之门向所有消费者敞开,对于喜欢求新、求异、求奇者来说是一件好事情。他们可以进出马勒别墅一睹其奇妙的建筑风格、神秘的内部文化与艺术之美。

2002年马勒别墅作为精品饭店对外营业至今,吸引了许多消费者,当中不乏是慕名从全国各地来沪的白领青年。他们都是特意来感受马勒别墅异样的风格,一睹经典老上海建筑的独特风采的。有一位从山东济南来沪度蜜月的王姓新郎住进马勒别墅饭店后非常兴奋,他对新娘说他从小就喜欢看童话书,向往童话般的生活,住进马勒别墅饭店犹如进入童话世界里,真是太美妙了。

小夫妻俩在离开马勒别墅饭店时依依不舍地让服务员为他们拍照留影。

新郎回家后在自己的博客中这样写道:

在上海陕西南路近延安中路,有一座非常漂亮别致的建筑,它的外形奇特如童话里的宫殿，而它的内部风貌则更是奇妙无比，这种奇妙不是能用简单的几句话可以讲述清楚的。当我进入内里，目光所及，到处都是船的符号：主楼的构造，像一艘大轮船，尤其是楼梯部分，层层迂回曲折，由主楼分出东西两翼，一翼通向"前舱"，另一翼通向"后舱"，不少窗户设计成圆形，像船上的船窗。在三层的一个房间内，设计了一个椭圆形围栏，这又是仿轮船机房。即使在那些栏杆和柱头雕刻的细部也多是与船舶相关的图案，如船舵、船锚、船队、海浪、海上日出、海上作业等。踏在脚下的拼花地板，也拼出了海草、海带的纹路，最细的地板条仅几毫米宽，精美细巧如工艺品。置身于此，真的就像是生活在海上了。走在楼道里，时不时地还能撞上各种说不清道不明的图案，仿佛是原始时期人们的图腾，保佑主人一帆风顺。

　　睡在房间里，就感觉是睡在轮船上，透过圆形的窗户朝外眺望，夜色如茫茫海水一般。房内和走道上方的透明玻璃屋顶将月光吸入，在明暗莫辨中，你会感觉到这幢别墅饭店似航行在大海中的一艘邮轮，摇晃着、起伏着、游弋着，慢慢地睡意向你袭来，你便进入甜美的梦乡。

　　　　夜幕似水缓缓流，别墅如舟轻轻行。

　　　　游人甜睡入梦乡，一片美景浮眼前。

这里是白领青年的婚礼殿堂

一个星期天的下午，马勒别墅饭店内的大草坪上铺着一条长长的红地毯，一对身穿婚礼服装的新郎新娘手挽着手在悦耳动听的婚礼进行曲中缓缓地踏上了红地毯……

新郎，你愿意娶王莉为妻吗？……

新娘，你愿意嫁张敏为夫吗？……

……

并蒂花开四季美，比翼鸟伴百年好。衷心祝愿我们的新郎、新娘白头偕老，夫妻恩爱一辈子……

这是在马勒别墅饭店举行的一场婚礼。

许多上海白领青年把自己的婚礼举办地选择在马勒别墅饭店。当问及为什么要把举行婚礼的场所选择在马勒别墅时，所有人的回答几乎是出奇地一致：一、马勒别墅饭店品位高，格调雅，环境美；二、马勒别墅饭店与众不同，有个性、有特色，使人有一种来此不忘的回味感；三、马勒别墅饭店服务形式新、文化氛围浓，使人有一种对美好未来的憧憬感；四、走进马勒别墅饭店给人一种神秘感、奇妙感、新鲜感，更有一种梦幻感。

白领青年选择到马勒别墅饭店举办婚礼，就是冲着那四个方面的优势而来，而马勒别墅饭店所具有的优势是其他星级饭店所不具备的。

新郎张先生在举行完婚礼后不无感慨地说，现在办婚礼几乎都是到大型的高档酒店举行，而这些大酒店除了规模大、气派足及豪华外，没有什么文化氛围，在人们的记忆中留不住有价值的东西。而在马勒别墅里举办婚礼，仅这座梦幻般的建筑就会使人终生难忘。

新娘王小姐在举行完婚礼后兴奋地说，现在举办婚礼讲究个性化，如果都是在相同的大酒店办婚礼，那就显得大同小异，没有特别值得怀念的地方。而在马勒别墅饭店举办婚礼，更显得有特色、有个性，特别是置身在童话般的这幢楼里，有一种如仙女般的飘飘然陶醉感，别有一种风味。

一位喜好摄影的新郎李先生在马勒别墅饭店办完婚礼后激动地说，在马勒别墅饭店办婚礼很有纪念意义，这里的文化与艺术感特别浓烈，仅这幢漂亮的建筑就是老上海文化的一种标志与象征，新婚夫妇在此举办婚礼及留影非常有纪念意义，会让人产生一种甜甜的美感和梦幻般的意境，令人回味。

老教授袁先生与太太风雨同舟迈入了五十年金婚，为了纪念这一婚庆日，袁先生与妻子携全家祖孙三代三十余人来到马勒别墅饭店欢聚一堂。当有人问老教授袁先生为什么要选择在这里喜庆五十年金婚时，袁老先生说，马勒别墅是根据马勒女儿梦中所见而设计建造，这幢建筑确实具有童话般的梦幻感，这次他们到这里办婚庆宴就是为了寻找老夫妻童年时代的美好记忆。

后　记

　　这是对神秘的马勒别墅的"公开解密",让那些对马勒别墅怀有神秘感的人了解马勒别墅,并了解建造了这幢别墅的马勒家族。

　　有关马勒别墅的文字材料较少,但口述资料较多,特别是坊间流传着不同版本的马勒别墅的故事。在这些故事中,有许多非常精彩之处,笔者听了怦然心动,产生了要写马勒别墅及马勒家族的强烈欲望。

　　在撰写这本《马勒别墅的故事》一书时,笔者在查阅文献之余,还采访了曾经在这个别墅里工作过的前辈,听他们讲述马勒别墅的故事。一位姓郑的前辈,20世纪五六十年代曾经在这里工作过一段时期。他把自己耳闻目睹的有关马勒别墅的故事讲述给了笔者听,使笔者了解到不少情况,充实了这本书的内容。

　　尽管是依据传说写故事,基本史实还是力求真实,但难免在一些细节上作合理想象,比如人物的对话或神态及部分情境的述说。不过这不会影响主体的真实可信。

　　马勒别墅是"万国建筑博览群"中的奇葩,其故事也幽婉,写出来或许是对马勒别墅悠长的说解。